サラリーマン家庭の相続

この1冊でまるわかり

相続リスク診断付き

相続相談解決チーム【著】

あっぷる出版社

はじめに

平成27年末に公表された国税庁のデータでは、平成26年1月1日から12月31日に亡くなった方は約127万人、そのうち相続税の課税対象となった方は約5万6,000人となっています。つまり亡くなった方の約23人に1人に相続税が課税された計算になります。

平成25年度の税制改正により、平成27年1月1日以降に発生した相続については相続税の基礎控除額が5,000万円+1,000万円×法定相続人の数から3,000万円+600万円×法定相続人の数と、4割引き下げられ、相続税の増税時代がはじまると広く報道されています。増税以降の実績値はまだわかりませんが、新聞などでは、この改正により納税者の数は従来の2倍程度に増加するのではないかといわれています。仮にそのとおりに推移すれば、亡くなられた方のおよそ10人に1人程度のご家族で、相続税の納付が生じることになります。

このことは、以前は相続税に無縁であった方が相続税について考えなければならなくなったことを意味します。たとえば、サラリーマン家庭の方々の中にはこれまで、会社の社長さんや、アパートなど賃貸物件をたくさん持っている不動産オーナーを見て、「ああ、こういう人たちは相続税の納税が大変だろうなあ」と思っていた方もいるかもしれません。「相続税なんてお金持ちにかかる税金、普通の生活をしてきた私が相続税の対象になるはずはない」、と漠然と考えていた人も多いのではないでしょうか。

いいえ、そんなことはありません。今の世の中、大都市近郊に自宅と預貯金を持っていたら、相続税がかかってしまう可能性は十分にあるのです。けっして他人事とはいえなくなってきています。「まさか我が家に相続税が……」と考えていたサラリーマン家庭の方々が、実際に相続が起こって初めて納税額が出ることを知り、右往左往して「申告難民」になるケースも多々見受けられます。

また、税金の納付が生じない家庭でも、小規模宅地の特例（第3章参照）など、納税に大きな恩恵をもたらす特例を受けるためには、相続税の申告が必要ですが、このことを知らずに申告をせず、後日税務署から相続税の申告書やお尋ねが郵送されてきて驚く方も多いのです。

つまり、実際に相続税の申告を経験する方は、先ほどのデータよりさらに増えることになります。サラリーマン家庭でも、相続税に向き合い、相続税について知り、考えてみる必要があるのです。


私たち税理士は、相続税についてお客様から様々なご相談を受けます。相続に関する悩みは千差万別です。皆様いろいろな問題を抱えていますが、その中でまずお客様が知りたいのは、

- 自分の家庭の相続で、納税しなければならないのかそうでないのか。
- 納税しなければならないとしたら税金はいくらになるのか。

- 納税は手元の資金で足りるのか。
- 財産を相続人の間で適切に分割できるか。
- 相続人同士で争いがある場合、どのような問題が生じるか。

という点が多いのが実情です。

企業のオーナーや不動産オーナーであれば、事業の承継や貸地の相続などの固有の問題が多々あります。しかし、一般的なサラリーマン家庭の場合は、自宅と金融資産が最も大きな相続財産です。そこで、争いなく自宅と金融資産の分割を終え、定められた期限までに相続税の申告納付を行うことが、サラリーマン家庭に代表される、一般的な相続に課された命題なのです。

この本は、そのような問題を抱える一般の方々が知っておくべき相続と相続税の基礎的な内容を説明する本です。この本を通じて相続の流れを知り、現在お持ちの資産について、まずご自身で財産評価と税額計算を行い、納税が必要になるかを確認し、適切な節税の可能性を検討します。さらに、納税資金、分割、相続人同士の争いという基本的な問題について現状を分析し、起こり得る問題を把握することができます。

この本の執筆を行ったのは、相続税を得意とする税理士のチームです。チームだからこそ得ることのできる幅広い情報、経験、高度な専門知識を共有し、みなさんが相続について税理士に相談する時に必要な知識を、事例を交えて、できるだけわかりやすくお伝えしていきます。

これから申告という方はもちろんのこと、まだまだ先の相続について考えている方にも是非読んでいただきたい内容です。

相続税は準備できる税金です。そして準備のためには、現状を把握し、先を予測することが必要です。難しいと感じる箇所もあるかもしれませんが、根気よく最後までお読みいただければ、必ずみなさんに役立つヒントが見つけられるはずです。

▼この本の使い方

第1章では、相続の流れについてご紹介します。相続は一生にほんの数回しか起こらない出来事ですので、何をどうしていいかわからないという方も多いのではないでしょうか。そこで、被相続人（故人、亡くなった方）の死亡から相続税の申告納付までの流れを簡単に解説します。

第2章と第3章では、主だった相続財産の評価と税額の計算方法を説明します。どれくらいの財産を持っていて、税額がどれくらいになるのかを知らなければ、誰も相続税について起こり得る問題を把握することはできません。各章の最後には、みなさんに簡単に財産の額と税額を記入する欄を設けていますので、ご自分で評価と税額計算を行い、納税の有無、納税するのであればいくらくらいかを確認して下さい。

またこれらの章では、節税対策を相続財産の評価と税額の2つの点からご紹介します。節税は、納税額を下げ納税資金を確保するうえで大変重要ですので、節税の仕組みをよく理解して下さい。

第4章は、それまでの内容に、相続人の数と争いの有無という2つの要素を加えて、みなさんの相続に起こり得る問題を「相続リスク」として分析しています。また、問題に対する対応策、解決策を紹介しています。ご自分がどのリスクにあてはまるのかを確認して、お読みください。また、ご自分のリスク以外のところ、特にご自分のリスク度よりもパーセンテージが低い部分は、みなさんが抱える問題を解決した時に、新たに生まれる課題です。時間があるときに、あわせてお読みください。

第5章では、将来の相続を見据えて毎日の生活の中で気配りをすべき点や、様々な種類の贈与を紹介しています。また遺言や信託など、近年、行われている相続対策をわかりやすく解説しています。

第6章では、税務調査について解説します。すべての相続税の申告について税務調査が行われるわけではありませんが、申告を行う方にとっては関心の高い点であると思いますので、参考にして下さい。

この本では、相続税でよく使うことばを「○○」、（「△△」といいます）というように、太字で表現しています。相続税の対策や納税申告をするときには、ほとんどの方は税理士に相談されると思います。しかし、専門用語が全くわからず、「全て先生にお任せします」というのでは、税理士も頼られて嬉しい反面、少々心もとなく感じます。税理士も人の子です。キャッチボールのように話が通じるほうが、やりがいがありますし、身も引き締まるというものです。少しずつで構いませんから、太字で示した専門用語に慣れていって下さい。必ず役に立ちます。
この本がみなさんの相続を幸せなものに導く一助となるよう、祈ってやみません。

＊おことわり：この本の内容は、平成28年4月1日現在の法令に基づいています。

目次

第3章　あなたの税金はいくら？　相続税を計算してみよう！

第6章　忘れたころにやってくる、相続税の調査

第1章

今のうちに知っておく、死亡から相続税の申告納付まで

身近な人の死は一生に何回も起きることではありません。またある程度予期していたにせよ、実際に起こってみると右往左往することも少なくありません。そこでこの章では、故人の死亡から相続税の申告納付までの10カ月間に行うべき基本的な内容について、手続きに必要な書類を中心に紹介していきます。

第1節　四十九日頃までに行う主な手続き

1．亡くなった当日

人が亡くなると、実に様々な手続きが必要となり、いろいろな書類が発行されます。その最初の1枚が、**死亡診断書**です。亡くなった場所が病院であれ自宅であれ、死亡診断書を医師に発行してもらわないことには、何も先に進みません。

最近は多くの方が葬儀社に葬儀を依頼します。その場合、亡くなったことを葬儀社に伝え、ご遺体の安置を行います。同時に、死亡診断書や印鑑（みとめ印）を葬儀社にあずけ、市区町村の役所に対する**死亡届の提出**を代行してもらいます。死亡届が提出されると、役所から**火葬許可証**が発行されます。火葬の際に必要になりますので、なくさずに保管して下さい。葬儀までの期間は、あわただしい中で重要書類が発行されます。家族の中で、誰がどこに管理するかを決めておくのがいいでしょう。

仏式の葬儀を行う方は、お寺に連絡することも忘れてはなりません。お寺と調整しながら、葬儀の日取り、葬儀の内容などの詳細を決定しますが、亡くなった当日はいろいろと立て込みますから、葬儀の日取りまでをこの日に決定し、詳細は翌日以降ということが多くなるでしょう。

銀行口座は、一般に、預金名義者の死亡の届出をすることによって凍結され、預金の引出しや口座振替などができなくなります。これは、相続人間の争いがある場合に、一部の相続人によって預金が引出されることがないようにするために行われます。実際には、市区町村へ死亡届を提出したタイミングで、各銀行の預金口座が凍結されることが多いようです。

ですから、葬儀費用には200万円から300万円程度かかるといわれてますが、この費用に被相続人の預金を充てる必要がある場合には、注意が必要です。

2. 翌日から葬儀まで

葬儀の内容を葬儀社と決定し、また、葬儀に参列していただきたい親族や関係者の方々に連絡を取ります。かといって、全員に1人で連絡を取るのは無理でしょう。主だった方に連絡をして、ほかの方にも連絡してもらうように、依頼するのがいいでしょう。また、葬儀の段取りについても、家族の中で役割を分担しながら行うと、それぞれの精神的な負担が少なくなりますし、混乱を避けることができます。

通夜、葬儀の当日は、やはり役割分担が重要です。親族は参列者への挨拶などで忙しくなるので、信頼できる方に受付を任せる方が多いようです。

葬儀を終え、ご遺体を火葬すると、**埋葬許可証**が発行されます。この書類がないと、お骨の埋葬をすることができません。火葬後ただちに埋葬する場合はよいのですが、四十九日の法要後に埋葬するなど、火葬から埋葬までの時間が空いてしまうと、埋葬許可証を紛失してしまうこともあります。書類を一括して管理する人を家族の中で決めておく、埋葬許可証はお骨を入れる箱の中に保管しておくなど、紛失防止対策を取るとよいでしょう。

この期間に必要な書類は次のようになります。参考にしてください。なお、これらの手続き等は地域によって異なる場合がありますので、ご留意下さい。

死亡届等

必要書類	提出先	提出期限
死亡届	市区町村役場	7日以内
死亡診断書		
火葬許可証	火葬場	火葬時
埋葬許可証	墓地	埋葬時

3. 葬儀から四十九日頃まで

葬儀が終わり一段落したら、少しずつ死後の手続きを進めていきます。主だったものとしては、水道光熱費や電話会社との契約の名義変更や解約、市区町村の役所から発行されたマイナンバーなどの書類の返還、年金手続などがあります。こうした手続きでは、故人の除籍謄本、故人と手続き依頼者の関係を明らかにするための戸籍謄本（手続き依頼者の戸籍謄本）、手続き依頼者の印鑑証明書などの提示を求められます。また、役所によっても異なりますが、除籍謄本の作成は、死亡届の提出後数日から2週間程度を要します。

まず市区町村の役所に行って、必要書類を何部か発行してもらい、親族が一部ずつ保管し、手分けをして手続きを進めると効率がよいでしょう。また手続きの内容によっては、他の相続人の委任状が必要なこともあります。

なお、こうした手続きのなかには**原本還付**といって、コピーを添付し、原本は返してもらえるものもあります。取得する書類の部数を減らすためにも、なるべく原本還付をしてもらってください。

また、この時期に、葬儀社と葬儀費用の精算をします。相続人が負担した葬儀費用は、相続税の申告の際に被相続人（故人、亡くなった方）の債務として相続財産から控除しますので、必ず領収書を受け取り、なくさずに保管して下さい。

各種手続

項目	手続	連絡先
年金	年金停止、未支給年金・遺族年金の請求	年金事務所・年金基金等
健康保険	葬祭費・埋葬料の請求、資格喪失	市区町村役場、健康保険組合
水道・ガス・電気等	契約者の変更・解約	各供給会社

コラム 1

金融機関への死亡の届け出はいつ行う?

金融機関への死亡の届出は、本来速やかに行うべきですが、相続人の間で争いがない場合、葬儀費用の支払いも必要であることから、被相続人の死後ある程度たってから届出を行う方もいるようです。この場合は、被相続人の預金の引き出しや公共料金引落しが当分の間行われます。

だからといって、相続人の財産が減るわけではありません。相続税の申告の際には、金融機関に被相続人の死亡時における残高証明書の発行を依頼することにより、被相続人の死亡時の預金残高を確定するからです。

相続税の申告の準備が始まり残高証明書の発行を依頼するタイミングで、いよいよ被相続人死亡の届け出を行う方もいますが、手続き上は特に問題ではありません。

なお、残高証明書の発行には、被相続人の死亡時の戸籍謄本、発行を依頼する相続人の実印と印鑑証明などが必要です。有効とされる印鑑証明の発行日など金融機関によっても手続きが異なりますので、事前に確認してから出向いたほうがよいでしょう。

第2節 相続人の確定から遺産分割協議

相続の手続きや遺産分割について話し合うのは、四十九日が終わり、家族の気持ちが少し落ち着いたころからでしょう。私たち税理士に相談される方も、「四十九日があけたくらいに」という方が多く見受けられます。

相続税の申告や納付は、**被相続人**が亡くなった日（法律上は、「相続の開始があったことを知った日」）の翌日から10カ月以内に行うこととされています。10カ月というと長いように感じられるかもしれませんが、財産に関する情報の収集、相続人の確定、財産の評価、遺産分割協議、申告書類等の作成までを考えると、実はあまりのんびりしている時間はありません。

1．相続人の確定

遺産分割協議を行うには、まず「誰が相続人か」を明らかにしなければなりません。このように申し上げると「家族以外に相続人がいるのか」と困惑される方もいますが、遺産分割協議は法律で定められた正式な手続きです。被相続人の戸籍謄本を出生までたどって、相続人を法的に特定する必要があるのです。

そこでまず、被相続人が死亡時に居住していた市区町村の役所に出向いて、相続の手続きに必要なため、被相続人の戸籍をさかのぼりたい旨を伝えます。すると被相続人がその市区町村に転入する以前の市区町村の存在を教えてくれますので、次にその市区町村の役所に連絡を取ります。このようなやりとりを重ねて、被相続人の出生時までの戸籍を取得します。

ところで、高齢者が亡くなるケースでは、東京都など特定の市区町村の場合には、戸籍が焼失して遡れないことがあるようです。その場合には焼失の事実が記載されている書面である「**告知書**」を発行してもらいます。焼失によって被相続人の出生まで遡って戸籍謄本を取得できない場合には、相続人の特定が完全にできないことになります。そこで、遺産分割協議後に不動産の所有権移転登記を行うときに、法務局から「他に相続人がいないことの証明書」（判明している相続人全員で証明する形式）を求められることがあります。これは、他に相続人となるべき人物が判明する可能性を想定した手続です。

2. 財産と債務の調査

▼財　産

財産というのは、おしなべて、金銭に見積もることができる経済的価値のあるものすべてを指します。したがって、被相続人が所有していた土地や建物、預貯金、金融資産などが財産となります。

財産の調査を行う時に注意しなければならないのが、他人名義の財産です。たとえば会社経営者の場合、本人が経営する会社の株式の一部を他人の名義にしている（「**名義株**」といいます）けれど、実質的にはその方自身が全面的に会社の支配権を握っているといった場合があります。この場合には、その名義株はその経営者自身の財産に含めなければなりません。

一方、サラリーマン家庭のような一般的な相続の際に注意しなければならないのは、他人名義の預金（「**名義預金**」といいます）です。たとえば、「奥様やお子様など他人の名前の通帳だが、亡くなったご主人が印鑑と通帳を保管し、ご自身の裁量で処分することができた預金」です。このような名義預金は、実質的な所有者であるご主人の財産ですので、漏らさず亡くなったご主人の財産に加えます。

▼債　務

未払いの固定資産税や所得税、飲み屋のつけ、友人からの借入金などはすべて、被相続人の債務になります。相続税の申告では、保証債務の取り扱いに注意が必要になりますが、サラリーマンの方が他人の債務の保証人になっていることは稀です。また、住宅ローンは、債務として取り扱われますが、団体信用生命保険に加入しており、保険金により債務の弁済が行われる場合には、債務になりません。

▼資料収集

私たち税理士が関与する時には、財産や債務について資料をお預かりし、何度か打合せを行います。そのなかで、被相続人の生活や過去に行われたご家族との金銭の授受など、財産に関連する詳しい内容を伺い、追加資料を提出いただくなかで、財産と債務の明細とそれぞれの評価額を確定します。そのうえで、次にお話しする相続放棄や準確定申告の可能性の検討などを含めて、遺産分割協議に向けての準備をするのです。

次のページの表は、私たちが実際の業務で相続人の方に提出をお願いしている資料のリストです。参考にしてください。

3．相続の放棄

被相続人の財産を調査した結果、財産より債務のほうが多いことがあります。こうした場合には、「**相続放棄**」の申述という手続きを家庭裁判所で行い、被相続人の財産も債務もすべて受け継がないようにすることが可能です。この手続きは被相続人が亡くなってから（法律上は「相続の開始があったことを知った時から）３カ月以内に行うこととされています。

相続放棄の手続とは別に「**限定承認**」（財産の範囲内で債務を承継する手続）という制度がありますが、手続きや課税関係が複雑になることから、実際には利用するケースは少ないようです。

4．準確定申告

年の途中で死亡した人の所得税の確定申告を「**準確定申告**」といいます。準確定申告は、次のような場合に行います。

- 被相続人に事業収入（不動産収入を含みます）があり、合計所得金額が所得控除額を超える場合で一定の場合

遺言書等の確認	遺言書の写し (自筆の場合、遺言書検認通知書)	自宅、公証人役場、信託銀行等
	死因贈与契約書の写し	
相続人の確定	被相続人の除籍謄本	本籍地の市区町村役場
	被相続人の出生からの戸籍謄本	旧本籍地の市区町村役場
	被相続人の住民票除票	住所地の市区町村役場
	死亡診断書の写し	病院
	相続人全員の戸籍謄本	本籍地の市区町村役場
	相続人全員の本籍記載の住民票	住所地の市区町村役場
	相続人全員の印鑑証明書	〃
	相続放棄申述受理通知書	
預貯金の明細	死亡日現在の残高証明書	各金融機関
	被相続人の預貯金通帳	
	被相続人名義以外の通帳	
有価証券の明細	死亡日現在の残高証明書	各金融機関
	株式の議決権の通知書等	
	現物所有株式、出資金の明細	
土地・建物の明細	固定資産税課税明細書	所在地の都税事務所、市町村役場
	不動産の登記簿謄本	所在地を管轄する法務局
	不動産の公図、地積測量図	〃
	不動産の賃貸借契約書	
生命保険の明細 損害保険の明細	支払通知書の写し、保険証書 (被相続人が保険料を負担していたものを含む)	
その他の明細	単価が5万円以上の家財の明細 (自動車、書画、骨董品、貴金属、美術品等)	
	ゴルフ会員権、レジャークラブ会員権等の明細	
	死亡退職手当金の支払調書	
債務の明細	借入金残高証明書とその明細	
	未払医療費、未払金の領収書等	
	直近分の固定資産税、住民税の納税通知書	
葬式費用の明細	葬式費用の明細と領収書、お寺へのお布施等	
	領収書のない葬儀関連費用はその内容・金額	
贈与財産の明細	贈与財産の明細(過去3年分)	
	贈与税申告書(過去3年分)の写し	
相次相続の明細	相続開始前10年以内に相続により被相続人が財産を取得した際の相続税の申告書の写し	
準確定申告の資料	所得税の申告書の写し(過去3年分)	
	死亡した日の属する年の所得に関する資料	

・給与所得以外の所得がある場合
・医療費などの支払いが多く、給与・年金の支給時に源泉徴収された税金の還付を請求する場合

この申告は、相続人全員により、被相続人が亡くなった日の翌日から4カ月以内に行う必要があります。

5．遺産分割協議

被相続人が遺言を遺している場合は、財産は原則として、遺言どおりに相続します。一方、被相続人の遺言がない場合、相続人の間で財産をどのように分けるかを、話し合いをして決定しなければなりません。これを「**遺産分割協議**」といいます。

私たち税理士が関与する場合には、財産と債務の明細などを基礎に、それぞれの相続人とお話しして、分割案をいくつか提示しながら協議を進めていきます。

遺産分割協議が整い次第、行政書士などに依頼して遺産分割協議書を作成し、相続人全員の署名と実印の押印を行います。この書類の作成をもって、いよいよ相続財産を相続人の名義に変更し、相続人所有のものとすることが可能になるのです。

ですから、この協議が整わないことには、相続上の様々な手続に支障が生じます。また、遺産分割協議書の作成が相続税の申告期限に間に合わない場合にはそれぞれの相続人が納めるべき相続税の額も決まりません。そこでこのような場合には、いったん**法定相続分**（第4章を参照）で申告を行い、後日分割が確定した時点で、**更正の請求**（税制上の優遇措置などを適用することで納税

額が減少する場合に、税金の還付を求める制度）をすることになります。第4章で詳しく解説するとおり、遺族分割協議が滞ると、納税上はかなり不利になりますし、精神的なストレスも大きくなります。遺産分割協議をスムーズに行えるように、できる限りの準備をしておくことをお勧めします。

遺族分割協議書の作成

作成が必要となる場合	記載内容・留意点
遺言書がない場合	すべての遺産を相続人全員により分割し、その内容をもれなく記載
遺言書はあるが不十分な場合	遺言書に記載が不十分なところを、補完するように記載
遺言書の内容を変更する場合（遺言執行者の同意が必要）	相続人（受遺者を含む）全員の合意で、変更後の内容で改めて記載

遺産分割協議が終了したら、いよいよ相続税の申告納付です。長い10カ月もあと一息といったところです。

第3節　名義変更から相続税の申告納付

1．名義変更手続き

▼不動産

不動産の相続登記は、その不動産の所在地を所轄する法務局で行います。申請書類や添付書類の準備など、初めての方にはなかなか面倒な手続きです。最寄りの法務局に設置されている「相談コーナー」を活用したり、あまりに面倒であれば司法書士に手続きを依頼するのも一案です。なお、申請に必要な戸籍謄本、住民票、印鑑証明書等は、相続発生日後のものであれば問題ありません。原本還付も可能です。

▼預貯金

金融機関によって手続に必要な書類が異なることもありますから、取引をしている店舗に直接連絡をしてあらかじめ確認することをお勧めします。遠方の場合には、最寄りの店舗で照会をして、手続を進めることもできます。どこの銀行でも、被相続人との関係や遺産の取得者を確認できる戸籍謄本、遺言書あるいは遺産分割協議書の提出を求められます。また、財産取得者本人の印鑑証明書も必要です。戸籍謄本等の書類は、原本を返してもらうことができます。

相続をするやり方には、口座を残して名義を変更する方法と、口座を解約して相続人の既存の口座に送金する方法があります。相続をした後の取引を考えて、選択してください。

▼株式等有価証券

基本的には預貯金の手続と同じですが、証券会社によって使用する様式などが異なりますから、事前に届出書や必要となる書類を確認する必要があります。

▼自動車

自動車は、その車両を管轄する陸運局で名義変更などの手続きを行います。廃車にするのか使用し続けるのかなど、個別のケースによって手続きが異なりますので、陸運局に問い合わせてください。

2. 相続税の申告

被相続人が亡くなった日の翌日から10カ月以内に、被相続人の住所地を所轄する税務署に対して、申告書類と添付書類をすべて揃えて、相続税の申告を行います。この場合、原則として相続人全員が同じ申告書で一緒に申告を行います。遺産分割協議が成立しているかどうかにかかわらず、申告期限に変わりはありません。また、申告とともに税金の納付をしなければならないことを忘れないでください。納付は作成した納付書にお金を添えて、銀行等で行います。もちろん、各相続人が別々に納付をします。

相続税の申告は、納付する相続税の額がある場合はもちろんのこと、相続税を納付しなくてよい場合でも、配偶者の税額軽減や小規模宅地の特例など、税制の優遇措置の適用を受ける場合には必要です。税額が出ないから申告をしなくていいと勘違いされる方もいるようですが、申告期限間近に税務署からお尋ねや申告書類が送付されてきて大慌て、ということも時々見受けられます。どうぞ最後まで気を抜かずに頑張って下さい。

コラム 2

遺産の話はいつ?

おとうさんが亡くなり、遺産があることはわかっているのだけれど……お金の話は切り出しづらい。相続というのは、家族の間でもなかなかしにくいものです。税理士としておつきあいしている顧問先から「先生、いつ切り出せばいいですか?」と質問されることがよくあります。「とりあえず、流れに任せて下さい」というのが答えです。葬儀費用の支払い、入院費用の精算、人が亡くなると、お金が動きます。また、身近な人が亡くなると連絡をとりあい、顔を合わせる機会も増えます。その中で自然と預貯金のこと、あとの生活のこと、相続のことといった話がでてくるはずです。

とはいえ、相続税の申告には、10カ月という決められた期限があります。「なかなか話せなかったから」といって、税務署が「お気持ちをお察しします」と申告期限を延長してくれるわけではないのです。また、必要な情報や書類を収集して財産の一覧を作成し、遺産分割協議を終わらせた上で相続税の申告書を作成するには、順調に手続きが進んでも半年程度は必要です。

それぞれの事情もあるでしょうが、四十九日が過ぎて家族も落ち着き、死亡後の手続きをはじめるくらいのタイミングで、様子を見ながら相続の話をするのがよいでしょう。

第2章

相続税が出る？ 出ない？
まずは相続財産を調べてみよう！

「家族に相続が起こったら、どれくらい相続税を支払わなければならないのだろう?」これは、誰にとっても大きな関心事であると思います。相続税の額は、被相続人の財産の価値（「**財産評価額**」といいます）をもとに算出されます。つまり、納付することになるだろう相続税の額を知るためには、まず、相続することになる財産の財産評価額を調べ、これらの総額を知らなければならないのです。

この章では、まず第1節で、相続財産とは何かを考え、みなさんが相続税の対象となる財産として評価すべき財産の種類を紹介します。

そして第2節以降では、実際にこれらの財産の価値を評価する方法（「**財産評価**」といいます）を紹介します。

正確な財産評価は、非常に複雑で面倒な作業です。私たち税理士は、お客様から財産評価を依頼されると、何日もかけて、時には専門書などで確認をしながら作業を行います。また評価方法や評価額をめぐって、税務署と議論となることもあります。しかしみなさんは、専門家として財産評価をするわけではありませんし、相続税の申告書を作成するわけではありません。みなさんが財産評価を行う目的は、あくまでも「家族の相続財産のおおよその額を知る」ことです。そこでこの章では、できるだけ難しいことは省いて、財産評価の基本的な方法をご紹介します。

また、この章の最後には、財産評価という視点から、みなさんが知っておくべき節税ポイントをお話ししますので、相続税対策を考えるときの参考としてください。

第1節 相続財産になる財産とは

1. 換金性のあるものは、相続財産

課税対象となる主な相続財産の一覧

不動産	土地・借地権・建物（戸建て、マンションなど）など
現預金	現金、預貯金（普通・定期・積立など）、名義預金
有価証券	上場株式、投資信託、国債、社債など
動産	自動車、家財、宝石、貴金属、骨董品、美術品など
その他	生命保険、ゴルフ会員権など

財産を相続したら、相続税がかかる可能性があることは、どなたもご存じでしょう。しかし、そもそもどのようなものが「財産」になるのでしょうか？　自宅や自宅の敷地が、財産として相続税の対象になるということに、異議を唱える人は少ないでしょう。では、たとえば両親が子供にほどこした教育はどうでしょうか。よく、「教育ほど素晴らしい財産はない」というような話を聞きます。しかし、「教育」は、財産として相続税の対象になるのでしょうか？

相続における税金に関する決まりごとは、「**相続税法**」という法律に定められています。相続税法では、相続税は、亡くなった方の財産を相続や遺贈*（死因贈与**を含む）によって取得したとき

に課される税金であり、財産とは、現金、預貯金、有価証券など、金銭に見積もることができる経済的価値のあるすべてのものを指すと決められています。言い換えれば、

①金銭的な価値を付けられる経済的価値を持つものが財産であり、

②被相続人の財産で、相続や遺贈をきっかけとして相続人および遺贈を受けた人（「**受遺者**」といいます）が受けとったものを相続財産と呼びます。

ですから、いくら「教育は財産」とはいえども、教育は相続や遺贈の対象ではありません。金銭的な価値で表すことができない、まさしく「プライスレス」なものだからです。

サラリーマン家庭のような一般的な相続で、相続財産として想定しておくべき具体的な資産は、土地や家屋、預貯金や現金、有価証券、家庭用財産、貴金属や書画骨董などといったところでしょう。ちなみに、これらは相続税法で、「**本来の相続財産**」と呼ばれています。

2．被相続人の財産ではないのに相続財産とみなされるもの

相続財産は、相続や遺贈をきっかけとして相続人が受け取った被相続人の財産に限定されるはずなのですが、相続税法ではこれとは別に「**みなし相続財産**」といって、ある一定の財産を「相続財産とみなして」相続税を課税することとしています。

具体的には、被相続人の死亡を理由に相続人などに支払われる、生命保険金や死亡退職金、年金受給権（定期金に関する権利）などです。これらは、被相続人が、生前に所有していた被相続人固有の財産ではありませんから、先ほど紹介した相続財産となるための要件のうち、「被相続人

の財産である」という定義からは外れます。生命保険金や死亡退職金は、被相続人の死亡によって、契約上受取人に指定された方が、保険会社や勤務先から直接受け取る金銭です。

しかしこれらは、生命保険金であれば被相続人が保険料を支払ってくれた、死亡退職金であれば被相続人が亡くなるまで働いてくれたからこそ、受け取れるものです。そして受け取った相続人は、相続により取得したのと同じ経済的効果を享受します。ですから、相続税法ではその実質的な効果に着目し、これらの財産を「相続財産とみなして」課税することとしています。

3. 相続財産から除外されるもの

相続財産として相続税の課税対象となるのは、相続や遺贈によって取得した財産であり、金銭的価値をつけられるものであることは、おわかりいただけたと思います。それでは、このような定義に当てはまる財産であれば、すべて課税されるかというと、そうではありません。

相続税法では、国民感情に配慮し、また社会政策上、一定の財産を非課税としています。その

＊遺贈とは、遺言により被相続人が自分の財産の一部または全部を贈与することをいいます。遺言によって財産を取得する人を「受遺者」といいます。

＊＊死因贈与とは、贈与する側の人が亡くなることによって効力を生じる贈与のことです。平たくいえば、「私が死んだらあげます」「あなたが死んだら貰います」という贈与の契約を、生前に取り交わすことです。

＊＊＊相続税法では、被保険者の死亡時に支払われる保険金を「生命保険金」と呼びます。

代表的な例が、先祖を祭るためや信仰のために所有される墓地や墓石、仏壇、仏具、神棚などです。また、葬儀の時に受け取る香典も非課税です。

これらの財産は、金銭的な価値はあるといっても、売却をして経済的利益を得る目的で所有されるものではありません。また香典は儀礼的な要素があります。したがって、これらの財産は、相続税の財産評価上、評価の対象外とされています。

ところで、こういった話をすると、「仏具が非課税ならば、金でできた高価な仏具を買ったら節税になるのではないか」という方がいます。たとえば５００万円支払って18金製の仏具を買ったら相続税は非課税。あとで金の価格が高い時に売却すれば、得をするというわけです。

しかし仏具が非課税なのは、先祖崇拝という目的があるからです。金の仏具を本来の目的で使うならよいのでしょうが、仏具が非課税であることを利用し、投機目的で所有するならば、当然相続税上の財産になります。

4．国外にある財産も相続税の対象

最後に財産の種類ということとは別に、物理的にどこにある財産が相続税の対象になるかをお話しします。

相続税法では、被相続人がどこに住んでいたか、また相続人がどこに住んでいるか、日本国籍を有しているかをもとに、どこに所在する財産が日本の相続税の対象となるのか明確に定めています。

この本は、サラリーマンなど一般的な家庭の相続を対象としていますから、被相続人の方は長年日本に住所がある方（「**居住者**」といいます）という前提で進めていきます。その場合、相続人の方の住所や国籍に関わらず、相続人が取得する国内外のすべての財産に、日本の相続税が課されます。

第2節 本来の財産――自宅の土地と家屋、マンションの評価

それではここから、一般的な財産について財産評価の方法を説明します。イメージがわきやすいように、「相続一郎さん」という架空の人物に登場してもらい、一郎さんの財産について評価をしていきます。

「東京都某区に住んでいる相続一郎さんは、現在80歳です。65歳で会社を定年退職してからは、悠々自適の年金生活。株式投資とゴルフが大好きで、活動的な毎日を過ごしています。しかしもともと心臓の持病をお持ちの一郎さん、そろそろ「もしも自分が死んだら……」と相続のことを意識するようになりました。最近ゴルフ仲間の間で、頻繁に相続の話が出ます。亡くなった仲間に相続があり、遺族が税金をたくさん払う羽目になったという話も耳にします。近所に住む弟の次郎さん（77歳）とも会うたびに話題になります。「自分が死んだらいくら税金を納めるのだろう。家族は払いきれるのだろうか……」。不安に思った一郎さんは、早速書籍を買い込み、自分の財

産を調べてみることにしました」

1．家屋

まず、簡単な自宅建物（「**家屋**」といいます）の評価です。人には誰でも住居があります。そしてその住居を所有していれば、その住居はその方の財産として価値を有します。

自宅を所有していれば、毎年春あたりに市区町村から、固定資産税の納付書がお手元に届くでしょう。封筒を開封すると、その中には納付書とともに、「**固定資産税課税明細書**」という紙が入っています（下図）。

なにやら難しそうな表ですが、この課税明細書の一番上には、表のどこに何が書いているかが記載されていますので、「価格（評価額）（円）」と表示された場所を探してください。次に「家屋」と書かれたところを探して、記載された住所からご自宅であることを確認したうえで、先ほどの「価格（評価額）（円）」に該当する箇所を見ると、金額が記載されています。その金額（「固定資産税評価額」）が、お住

家屋

家屋の所在	区分家屋	家屋番号	種類・用途	構造	地上	登記床面積 ㎡	価格 円	固定課税標準額 円	固定資
	物件番号		建築年次	屋根	地下	現況床面積 ㎡		都計課税標準額 円	都市計
○○○町6丁目10番地1		1-1	居宅	木造	2	100.00		6,000,000	84,0
	10001		平 8年	瓦葺	0	100.00	※ **8,000,000**	6,000,000	18,0

まいの自宅家屋の相続税上の財産評価額となります。

ちなみに、家屋の財産評価額は、一般的な建築価格の半分程度といわれています。

「なるほど、固定資産税課税明細書……」。ごそごそと本棚の引き出しから最近納付をしたばかりの納税通知書を取り出した一郎さん、明細書を指でたどって調べてみると、どうやら家屋の価格は８００万円のようです」

相続一郎　財産一覧

内　容	財産評価額
自宅建物	800万円

2. 宅地

建物の敷地として使われている土地を「**宅地**」と呼びます。ですから自宅の敷地も、宅地に該当します。

宅地の評価方法には、おおきく分けて①路線価方式と②倍率方式の２つがあります。

①路線価方式

一般的に人が集まり市街地を形成しているような地域において、不特定多数の方が使用する道路には、「**路線価**」が付されています。路線価とは簡単にいえば、「相続税の計算をするうえで、この道路に面している宅地の1㎡あたりの財産評価額を計算する時には、この金額を使ってください」ということで、毎年7月に国税庁から公表されるものです。金額の表示は千円単位です。

路線価の情報は、インターネット上の「国税庁ホームページ　路線価図」から検索すれば、簡単に調べることができます。宅地の財産評価額を算定するうえで欠かせないものですから、みなさんも時間があるときに一度検索してみてください。

▼路線価の使い方

一郎さんは、おもむろにパソコンを起動し、インターネットに接続しました。一郎さん家族は東京都○○区の△△町6丁目10番地の北側に面した道路沿いにある、250㎡の宅地に住んでいます。都心にも近い閑静な住宅街……一体いくらの価値があるのでしょうか
まず国税庁の路線価図のページを開き、「最新年度」をクリックします。そして、「東京都」⇩「路線価」⇩「○○区」⇩「△△町6丁目」と、住所地をもとに絞り込みをかけていくと、この地域の路線価図にたどり着きました。
最後に地図番号をクリックし、自宅近辺の路線価図を開いた一郎さん。「えっと、うちはこの道路に接しているから……」、するとそこには「400C」と、何やら謎めいた数字が書かれています。
Cというアルファベットの解説は後回しにするとして、「400」は、一郎さんの自宅敷地の財産評価額を計算する時に用いる1㎡あたりの価額を意味します。千円単位の表示ですから、「4

００」とは40万円のことです。

ざっと計算すると、一郎さんの自宅敷地の財産評価額はなんと、40万円×２５０㎡＝１０，０００万円（1億円）です。「ほほぉっ……」と一郎さんは感嘆の声をあげました。

内　容	財産評価額
自宅建物	８００万円
自宅敷地	１０，０００万円

ところでみなさんの中には、複数の道路に接した宅地に住んでいる方もいるでしょう。1つの道路のみならず複数の道路に接している土地は、利用価値が高いですから財産評価額も高くなります。

このような宅地について財産評価を正確に行うためには、まず複数の道路の路線価から主として採用する路線価（「**正面路線**

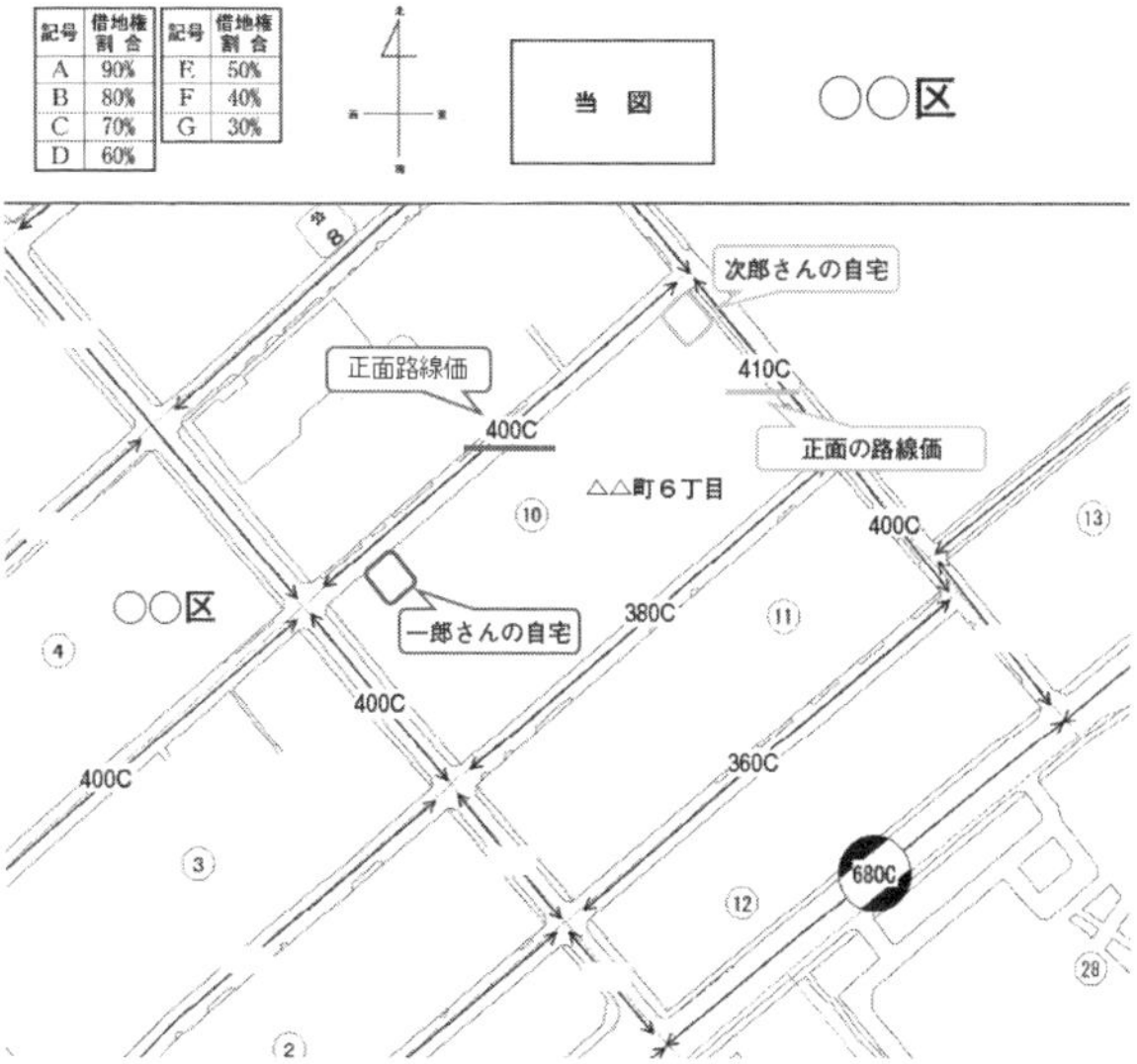

価」といいます）を決定し、その路線価にそのほかの路線価の影響度を加算して1㎡当たりの価格を決定します。しかしそのためには複雑な計算が必要です。おおよその財産評価額を把握するためであれば、自宅敷地をとり囲む複数の路線価から最も高い路線価を選び、その金額に、その他の路線価の数パーセントに相当する金額を加算する程度で、財産評価額の近似値を得ることができます。

たとえば先ほどの路線価図で、相続一郎さんの弟の次郎さんが住んでいる、△△町6丁目10番地の北側角地を見てみましょう。この宅地に関係する路線価は410，000円と400，000円です。410，000円を正面路線価に選択し、もう一方の路線価である400，000円について、3％（普通住宅地の角地の場合）にあたる12，000円をこの金額に加算します。410，000円＋12，000円＝422，000円がこの土地の1㎡当たりのおおよその値段です。

▼評価額の減額要素

宅地の形状で考えた場合、一番利用価値が高いのは、真四角な宅地です。路線価を使った計算から算出される宅地の財産評価額は、「その路線に面した真四角な宅地」の価値を反映していると考えられます。

しかし現実に、真四角な宅地に住んでいる方は少ないでしょう。道路に接している（接道部分）が狭く、俗にいうウナギの寝床のような宅地もあります。台形型の宅地にお住まいの方もいるでしょうし、地形はよくても、裏には崖がそびえているような宅地もあります。

こうした「使いづらさ」はそれぞれ宅地の財産評価上の減額要素になりますが、実際に減額できる金額の計算は複雑ですから、ここでは割愛します。「うちの自宅の敷地は相続税を考えるうえで、どれくらいの価値があるか知りたい」という程度であれば、先ほどお話しした路線価で算出した金額が、お住まいの宅地の最大の評価額であり、実際はその金額から多少の減額ができる可能性があるのだと覚えておいて頂ければ、問題ありません。

②倍率方式

市街地を形成している地域に所在する宅地については、路線価を使用して宅地の評価額を算定します。しかし現実には、市街地のみならず、いたるところに住宅が建ち並んでいます。

市街地を形成していない地域に所在する宅地の財産評価は、路線価とは異なる「**倍率方式**」によって行います。

▼適用する倍率を確認する

たとえば次ページの路線価図を見て下さい。国道を挟んで南側は路線価を用いますが、北側の地域には路線価が表示されておらず、代わりに「倍率地域」と表示されています。この場合、この地域の路線価情報のページを開きます。するとスクリーンの左側に「この市町村の評価倍率表を見る」というタブがありますからこのタブをクリックし、「**倍率表**」を表示します。該当する市町村の異なる地域の異なる地目について、「固定資産税評価額に乗ずる倍率等」として、採用

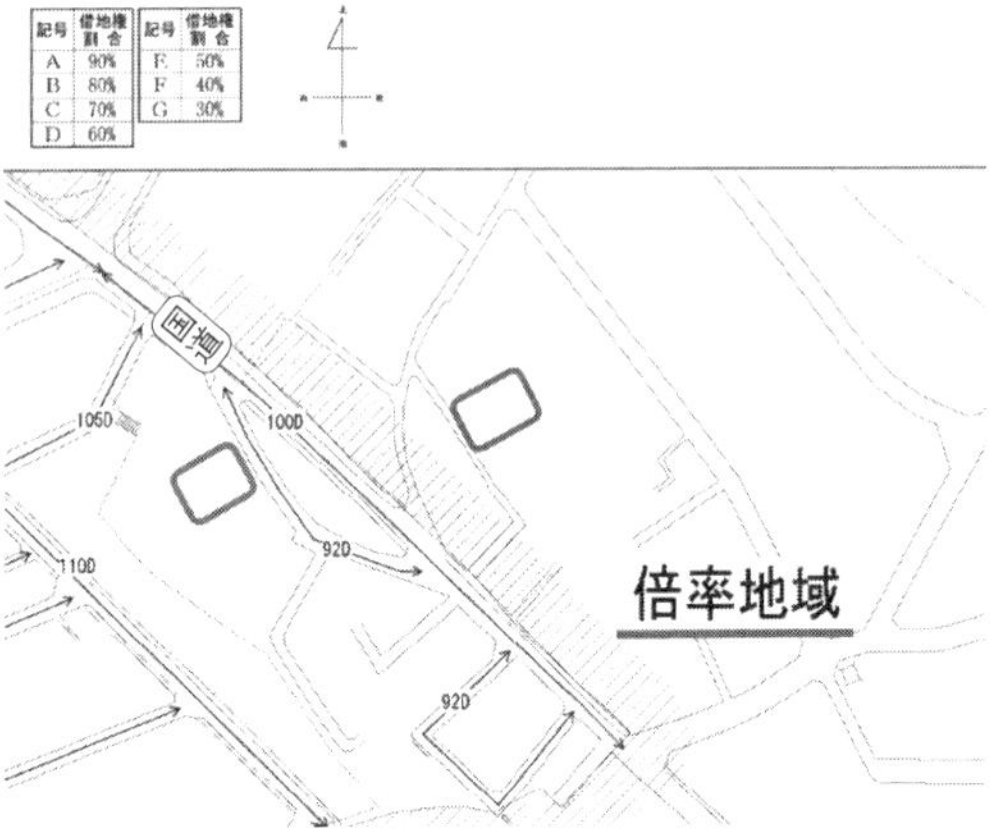

平成27年分　　倍　率　表

市区町村名：〇〇市　　松戸税務署

音順	町（丁目）又は大字名	適用地域名	借地権割合	固定資産税評価額に乗ずる倍率等 宅地	田	畑	山林	原野	牧場	池沼
			%	倍	倍	倍	倍	倍	倍	倍
お	△△町	市街化調整区域								
		1　国道〇〇号線沿い	50	1.1	中 9.4	中 16	中 57			
		2　県道△△線沿い	50	1.0	中 9.4	中 14	中 57			
		3　上記以外の地域	50	1.1	中 9.4	中 14	中 56			
		市街化区域	—	路線	比準	比準	比準	比準		比準

する倍率が表示されているのがわかります。右図の場合該当する宅地の倍率は1・1です。しかし何に1・1をかければよいのでしょうか。

▼固定資産税評価額に倍率を乗じる

ここで家屋の財産評価のところでご紹介した、固定資産税課税明細書が再び活躍します。この明細書には、建物のみならず宅地の固定資産税評価額も記載されています。しかし建物とは異なり、宅地の場合は、固定資産税評価額がそのまま相続税上の評価額になるわけではなく、先ほどの倍率を乗じた価額が、相続税上の財産評価額になるのです。

たとえばこの宅地の固定資産税評価額が、800万円であるとします。この場合800万円に倍率（1・1）を乗じた金額880万円が、相続税上の財産評価額です。

▼倍率方式を採用する宅地の減額要素

ところで倍率方式で評価した土地も、形がよくなかったりなど使いづらい場合には評価が減額されるのでしょうか。

固定資産税評価額は、市区町村の固定資産税評価を担当する専門家が、一つ一つの家屋や土地の形状や利用状況等を確認して決定します。つまり固定資産税評価額には、その宅地の特徴がすでに反映されているのです。ですから、路線価を採用して行う財産評価とは異なり、倍率方式では、減額要素の計算という手順はありません。計算して出した金額が、ずばりその宅地の財産評価額になります。

3．借地権の評価

宅地を所有しているのではなく、土地を地主さんから借りてその上に家を建てて住んでいるという方もいるでしょう。このような権利を「**借地権**」といいます。先ほど相続一郎さんの路線価の話のところで出てきた、「C」という謎のアルファベットを思い出してください。路線価が付された土地の借地権であれば、路線価の右側に表示されたアルファベットが、借地権の評価額を計算するうえでの「借地権割合」を示します。各アルファベットに対応する借地権割合は、路線価図の左上に表示されています（45ページ図参照）。ですから、路線価方式や倍率方式で計算した財産評価額に、該当する借地権割合を乗じた金額が、その宅地の借地権の財産評価額となるのです。たとえば相続一郎さんが、自宅の敷地の所有者ではなく、誰かから自宅の敷地をお借りになっている「借地権者」であれば、自宅敷地の財産評価額は、1億円×70％（Cの割合）＝7，000万円になります。

また倍率方式が採用される土地であれば、48ページで紹介した倍率表を見てください。先ほどの「固定資産税評価額に乗ずる倍率等」の左脇に「借地権割合」が表示されています。倍率方法で求めた宅地の価額にこの割合を乗じた金額が、その宅地の借地権の財産評価額です。

4. 定期借地権の評価

借地権というのは、借地人にとって非常に強い権利であり、貸した側は半永久的にその土地を使うことができなくなります。そこで借りる期間を明確に定め、その期間が終了したら借りていた土地を貸した側に返還するのが、「**定期借地権**」です。

被相続人が所有していた定期借地権については、被相続人が亡くなった時点での契約上の残存年数をもとに、将来相続人が享受できる経済的利益を算出することにより、財産価値を評価します。この計算は複雑ですので、実際の計算には税理士など専門家のサポートが必要でしょう。

5. マンションの評価

ここまで説明すると、「家屋や土地の評価といっても……、うちはマンションなんだけど、どうしたらいいんでしょう」という声が聞こえてきそうです。最近は多くの方がマンションにお住まいです。相続税法上は、マンションの評価は①宅地と②建物に分けて行います。

①宅地の評価

まず、マンションを購入した時の宅地の権利関係を確認します。借地権や定期借地権付きのマンションもありますが、マンションの立地である宅地を、マンションの各戸の所有者が区分所有しているケースが大半です。

いずれにせよ、確認した権利関係に基づき、マンション敷地全体の財産評価額を算出します。

そのうえで「区分所有割合」に基づき敷地の財産評価額を按分することにより、自身の部屋に帰属するマンション敷地の財産評価額を計算します。なお、区分所有割合は、固定資産税課税明細書や登記簿謄本などにより簡単に調べることができます。

②建物の評価

建物の財産評価額は、固定資産税課税明細書をご覧ください。マンションの場合も、一戸建て同様、固定資産税課税明細書に記載された金額が、相続税上の財産評価額になります。

6．宅地のおおよその財産評価額を知るための方法

ここまで、家屋や宅地の評価についてお話ししてきました。特に宅地の評価については難しいと感じられた方も少なくないのではと思います。世の中にはいろいろな場所にいろいろな宅地がありますから、評価を正確に行うことは、私たち専門家にとっても難しい作業です。分厚い専門書がたくさん出ていますし、宅地の評価だけを仕事にしている専門家もいるほどです。ここで紹介しきれるものではありませんので、正確な評価額を知りたいと考える方は、税理士などに評価を依頼してください。

ところで、「うちの自宅は前が私道で路線価も付いていないけれど、だいたいの評価額を知りたい」という方もいるでしょう。そのような場合には、次に紹介する方法を使っておおよその評価額を計算してください。

「相続税を計算するうえでの財産の評価は時価ですること」、というのが、相続税の基本的な考え方です。そして相続税の財産評価では、時価を、「不特定多数の当事者間で自由な取引が行われる場合に、通常成立すると認められる価額」だと定義しています。では具体的にはどのような価額が時価といえるのでしょうか。

国土交通省が公表する実勢価格は、過去の取引実例であるという意味では時価ですが、過去と今とでは状況は異なりますから、今その値段で売買されるとは限りません。同じく国土交通省が発表する公示価格や都道府県の基準地価は、その年の1月1日現在の不動産鑑定士の評価をもとにしているという意味では現在の時価に近いといえるでしょうが、その価格で売買されたという実績値ではありません。

実のところ、時価とは不確定要素が多いのです。ですから、これらの価格をそのまま採用して相続税上の財産評価額を決定したのでは、納税者に不利益が生じる可能性があります。そこで路線価や倍率方式を採用して計算する相続税上の宅地の財産評価額は、時価を標榜しつつも、評価の安全性を確保する趣旨から、これらの時価のおよそ8割に設定されているといわれています。

一方で、みなさんが毎年納付する固定資産税の宅地の評価額（固定資産税評価額）は、時価の7割といわれています。つまり、固定資産税課税明細書に記載されている固定資産税評価額と相続税上の宅地の財産評価額は、7：8の関係にあるのです。ですから、固定資産税課税明細書で7，000万円と記載されている宅地の相続税上の財産評価額は、8，000万円程度ということです。

このように固定資産税課税明細書に記載されている宅地の金額から、相続税上のおよその財産評価額を導き出すことができます。ちなみに固定資産税評価額の変更は、毎年公表される路線価とは異なり、原則として3年ごとに行われます。多少の情報のずれがあることはご承知おきください。

第3節　本来の財産——預貯金、現金、有価証券の評価

1．現金や預貯金の評価

10万円の現金をお持ちの方が、「いや、この現金は5万円の価値しかない」といっても、税務署は納得しません。預貯金も同様です。現金や預貯金は、額面どおりに相続財産として評価します。

さて、相続一郎さんは一体いくらくらいの預貯金をお持ちなのでしょう。再びごそごそと引き出しを探った一郎さん、3冊の通帳を手にしています。1冊は毎月の生活費の支払いや年金の受給に使っている郵便貯金の通帳。いつもだいたい100万円くらい残っています。もう1冊は趣味の株式投資の受け払いに使っている普通預金の通帳。こちらの残高は現在400万円くらいです。そして何かの時のためにと預金している定期預金の通帳が1冊。1，000万円が預けられています。

定期預金については、財産評価上現在受け取るべき利息の額も加算して評価しなくてはならな

いのですが、今は金利も低く利息もわずかです。ひとまず利息はよいとして、預貯金は合計1，500万円とします。

内容	財産評価額
自宅建物	800万円
自宅敷地	10，000万円
預貯金	1，500万円

ところで私たち税理士が現金や預貯金について相続税の申告をするときに、最も注意を払うのが、名義預金です。名義預金とは、亡くなった方が、たとえば子供さんやお孫さんなど、別の方の名前で行っていた預金のことをいいます。

預金の名義が違うのならば、その預金はその名義人の預金なのだと思われるかもしれません。しかし、税務の世界では、一般にこのような形式よりも「その預金を自由に処分したりできる人は誰だったのか」という実質が重んじられます。したがって、名義預金は相続税の申告上、被相続人の財産になります。

名義預金は名義人の財産と誤解している方は、まだまだ多いようです。国税庁が発表した「平成二十六事務年度における相続税の調査の状況」というデータによれば、「現金・預貯金等」が申告漏れ相続財産の第1位となっています。もちろんこのなかにはタンス預金もあるでしょうが、その大半は名義預金のようです。

相続の申告を行う時には、名義預金は相続財産として申告しなければなりません。亡くなった方が、せっかくお子さんやお孫さんにあげようと思っていた預貯金なのに、残念なことです。

第5章では、亡くなる前に名義預金をどのように整理し、お子さんやお孫さんの財産とするか、その方法について紹介しています。ぜひ参考にしてください。

2．上場株式、ストックオプション

「**上場株式**」とは、金融商品取引所に上場されている株式をいいます。サラリーマンの方であれば、お持ちの株式のほとんどは、上場株式でしょう。2014年から導入されたNISAの非課税制度がありますが、相続税の財産評価上は、どのような口座に株式を保管していても、評価の対象となります。

上場株式の財産評価では、基本的には、①亡くなった日の終値、②亡くなった月の毎日の終値の月平均値、③亡くなった月の前月の毎日の終値の月平均値、④亡くなった月の前々月の毎日の終値の月平均値のうち、一番低い価格を用います。

さて、株式投資が趣味の相続一郎さんは、いったいどれくらいの株式を持っているのでしょうか。インターネット上で、証券会社のウェブサイトにログインした一郎さん、所有している各銘柄の株価情報を検索していきます。実際に相続が発生した時の株式の評価は、亡くなった日の前後の株式の権利落ちの有無を確認し、必要であれば株価を調整して厳密に行うのですが、現在どれくらいの財産価値があるかを知りたいのであれば、概算で構いません。一郎さんの場合には、

10数銘柄を取引していて、その合計額は3，000万円程度となりました。

内容	財産評価額
自宅建物	800万円
自宅敷地	10，000万円
預貯金	1，500万円
株式など有価証券	3，000万円

サラリーマンの方で、勤務先の会社から「**ストックオプション**」を交付された方もいるのではないでしょうか。ストックオプションとは、あらかじめ定められた価額（「**権利行使価額**」といいます）でその会社の株式を購入することができる権利で、会社が自社の役員や従業員に対して交付するものです。このストックオプションについても、現時点で権利行使することができる状態にあるのであれば、上場株式と同様に財産評価を行います。ただしストックオプションの場合には、払い込む権利行使価額は財産評価上差し引くこととされています。

3．公社債

安定した長期運用のために、国債や地方債、社債をお持ちの方も多いと思います。公社債には、利付公社債や割引公社債などがあります。このうち上場されて日々取引が行われている公社債や基準気配が公表されている公社債は、亡くなった時の市場価格（最終価格）に経過利息を考慮して評価します。ですから公社債について財産評価をする場合にも、市場価格を参考に評価すれば、問題ありません。

また市場価格がない公社債であるならば、発行価額によって評価して下さい。

4．証券投資信託や不動産投資信託

「証券投資信託」や「不動産投資信託」とは、投資信託会社が、投資家から集めた資金を株や不動産などに投資し、その運用によって得た利益を投資家に分配する金融商品です。

代表的な証券投資信託としては、中期国債ファンドやMMFがあります。また、不動産投資信託では、REITがよく知られています。上場している証券投資信託や不動産信託は、先ほど紹介した上場株式と同様の評価方法によって評価します。

第4節　本来の財産——その他の財産の評価

1．家庭用財産

家庭用財産は「家財」として評価します。家財にはまず、家具や電化製品などが該当します。そうお話しすると、みなさんは、「えっ？　ポットや炊飯器まで、ひとつひとつ値段を決めなければならないの？」とおっしゃるかもしれません。

一般的に、みなさんが通常生活で使っている家庭用財産は、売却したところでわずかな値打ち

しかありません。フリーマーケットをイメージしていただければよいと思います。ですから家庭用財産をひとつひとつ評価することは、非現実的です。

そこで、相続税の申告では、家庭用財産は「家財一式」として通常は数十万円の評価額で申告します。

相続一郎さんの場合はどうでしょう。2階建ての家の中には、家具、書籍、衣類、電化製品など、それなりに生活用品があります。しかしこれらを売却したからといって、高額になるとは考えられません。高価なものといえば、思い入れのあるゴルフクラブくらいでしょうか。「30万円くらいと思えばいいか……」、家財一式30万円を財産評価額に加えます。

内　容	財産評価額
自宅建物	800万円
自宅敷地	10,000万円
預貯金	1,500万円
株式など有価証券	3,000万円
家財一式	30万円

2. 自動車

一般的な自家用車で長年使っているものであれば、家財一式の中に含んでしまっても問題ありません。しかしそれなりの取引価値のある車であれば、中古車販売業者へ売却する時の値段で評価します。

一郎さんはどうでしょう。ゴルフに頻繁に出かける一郎さんにとって、車は必需品です。それに、車にはこだわりがあるのです。愛車はきっと高く売れるに違いない。インターネットで中古車販売業者のウェブサイトにアクセスし、車種と年式で売却価格を検索したところ、１５０万円から２００万円程度であることがわかりました。そこで「車１５０万円」を財産評価額に加えます。

内　容	財産評価額
自宅建物	800万円
自宅敷地	10,000万円
預貯金	1,500万円
株式など有価証券	3,000万円
家財一式	30万円
車	150万円

3．貴金属、宝石、書画、骨董品

小さな石のついた指輪や冠婚葬祭用に購入した真珠、何かの記念に贈られた壺、ふらりと立ち寄った画廊で購入した名もしれない画家の水彩画、通常、こうした貴金属や宝石の相続税上の価値は、数千円から数万円です。家庭用財産と同様に取り扱って差し支えありません。もちろん、オークションで取引されるような書画や骨董品であれば、高額な場合があります。こうした書画や骨董品は、専門家による鑑定が必要です。

一郎さんの自宅には、名のある画家のサインが入ったリトグラフが1枚飾られています。確か結婚30周年の記念に数十万円で購入したものです。高額なものとは思えませんが、かといって数万円とも思えません。とりあえず家財として扱うことにして、家財の欄に20万円を加えました。

内容	財産評価額
自宅建物	800万円
自宅敷地	10,000万円
預貯金	1,500万円
株式など有価証券	3,000万円
家財一式	50万円
車	150万円

4. 記念コインや金、プラチナ

記念コインや古いお札などは、よほど希少価値があるものでなければ、額面の価値しかありません。しかし、18金やプラチナで製造されたものであれば、それなりの価値が付きます。また、クルーガーランド金貨などのコイン、地金などは、貴金属業者の公開取引価格をもとに財産評価額を算定します。相続税の申告を行う時には、亡くなった日の最終取引価格を基礎に財産評価額を計算します。

最近は貴金属業者による取引価格がインターネット上で公開されていますから、一度検索し、お手持ちの金貨や地金などがどのくらいの財産価値があるのか、計算してみるとよいでしょう。

5．ゴルフ会員権

ゴルフ会員権は一般に取引業者を通じて売買が行われますが、財産評価上は、評価の安全性を考慮して、取引価格の7割で評価します。また、取引価格に含まれない預託金があれば、もちろん預託金の金額はそのまま評価すべき財産となります。

一方、一般的に取引がされていないゴルフ会員権は、預託金制会員権であれば預託金の金額で、株式制会員権であれば株式としての価額（預託金があれば加算）で評価します。なお、プレー権のみの会員権は、財産評価の対象からは除外されます。

一郎さんもゴルフ会員権を持っているのですが、どうやらプレー権だけですので、財産評価額には加えません。

第5節 みなし相続財産の評価

みなし相続財産とは、被相続人の死亡によって、相続人など残された方たちが受け取る生命保険金や死亡退職金などであることは、すでに説明したとおりです。ここでは、もう少し詳しく、どのようなものがみなし相続財産に該当するのか、相続税法上これらがどのように財産として評価されるのかを紹介していきます。

1. 生命保険金

被相続人の死亡により相続人などが受け取る生命保険契約や損害保険契約などの保険金のうち、被相続人が保険料の全部又は一部を負担していたものは、相続税のみなし相続財産として扱われます。

一郎さんの場合で考えてみましょう。一郎さんは数年前に自身を被保険者および保険料支払者、お嬢さんの良子さん（50歳）を保険金の受取人として、1，000万円の生命保険契約に加入しています。

良子さんが受け取る1，000万円の生命保険金は、みなし相続財産として相続税の課税対象となります。また財産評価上は、受け取る金額（1，000万円）が財産評価額になります。

しかし、生命保険金については、相続税を計算する際に、法定相続人1人当たり500万円が非課税となるという決まりがあります。この点については、第3章で解説します。

2．生命保険契約に関する権利

ところで、被相続人が亡くなることによって影響を受ける保険契約は、生命保険金が支払われるような保険契約に限りません。

たとえば一郎さんが、奥様の花子さんを被保険者とする生命保険契約に加入し、その保険料を生前負担していたとしましょう。

この場合、一郎さんが亡くなってもその時点で被保険者である奥様に保険事故は発生していませんから、保険金は支払われません。このような保険契約は先ほどの生命保険金とは異なり、「**生命保険契約に関する権利**」と呼ばれ、別の方法で評価されます。また相続税の計算上、生命保険金の非課税の適用もありません。「生命保険契約に関する権利」は、ご主人が亡くなった時点での、「**解約返戻金相当額**」（仮にその時に保険契約を解約したら戻ってくる金額）が財産評価額になります。

コラム 3 なんでそうなる？　生命保険契約と税金

ところで、相続一郎さんのケースで、奥様の花子さんがご主人の一郎さんを被保険者として終身保険を契約し、花子さん自身が保険料を支払い、一郎さんの死亡時に花子さんが保険金を受け取ったとしたら、どんな税金がかかるのでしょう。

これは一郎さんのみなし相続財産でしょうか？　被相続人である一郎さんが保険料を負担していたわけではありませんから、答えはＮＯです。この場合、死亡保険金は花子さんの一時所得として、花子さんに所得税が課税されます。

では、奥様の花子さんが、ご主人の一郎さんを被保険者として終身保険を契約し、花子さん自身で保険料を支払うところまでは先ほどと変わりはないのですが、保険金の受取人を息子さんの太郎さんとしていたらどうでしょう。一郎さんの死亡時に太郎さんに保険金が支払われます。この場合は、花子さんから太郎さんへの贈与として、太郎さんに贈与税が課税されます。

このように生命保険契約に関する課税関係は、とても複雑です。加入時には税理士などの専門家にあらかじめ確認しておいたほうがよいでしょう。

3. 死亡退職金

会社に勤めていた方が在職中に死亡すると、将来支給される予定であった退職金が遺族に支払われることがあります。このように死亡を理由として受け取る「**死亡退職金**」や功労金は、受け取った金額そのものが、財産評価額となります。しかし、生命保険金と同様に死亡退職金についても、法定相続人1人当たり500万円の非課税枠が設けられています。

死亡退職金には、死亡の時のみならず死亡後3年以内に受け取る退職金や功労金などが該当します。また通常弔慰金と呼ばれるものは、相続税が非課税となるのですが、弔慰金という名目のもとで支払われても実質的に死亡退職金に該当するもの、実質的に死亡退職金に該当しなくても一定の金額を超えるものは、死亡退職金として相続税が課税される場合がありますので注意が必要です。

4. 年金受給権（定期金に関する権利）

保険会社を通じて個人で加入している年金の受給権については、被相続人が保険料を負担していた場合、定期金の給付事由が発生する前に亡くなったか、給付事由が発生した後で亡くなったかにより、相続財産としての評価方法が異なります。実際の評価方法は複雑なのですが、相続が生じた時のおよその評価額を知るというこの本の趣旨に照らせば、解約返戻金相当額を財産評価額と考えてよいでしょう。正確な評価額が知りたい場合には、保険会社に問い合わせることをお勧めします。

ここまで、さまざまな財産の相続税法上の財産評価額の計算方法について、紹介してきました。この内容からもわかるように、財産評価は財産のタイプによって簡単であったり複雑であったりします。ご家族の財産のおよその価値を計算するという目的を鑑みれば、評価が難しいものはあまり無理をせず、大体の価値を把握する程度でよいと考えておきましょう。

それよりも大切なことは、どこにどのような財産があり、その価値を評価する資料がそろっているかどうかを確認することです。第1章で紹介したように、相続税の申告にはたくさんの資料収集が必要です。また申告のみならず、みなさんが税理士などの専門家と相続税対策を検討する時もこうした資料が必要です。さらに相続後に財産を譲渡するときも、手続きや所得税の申告をするうえでいろいろな書類の提出を求められます。慌ててすべてをそろえるのは、なかなか大変です。備えあれば憂いなしの気持ちで、資料集めに慣れておくことをお勧めします。

第6節　債務の評価

ここまでは財産について説明してきました。しかし、なかには被相続人が人からお金を借りていた、という場合もあるかもしれません。誰かからお金を借りたり、未払い金を残して亡くなった場合、相続を放棄するなどしない限り、相続人はこれらの債務も、その金額のまま引き継ぐことになってしまいます。

しかし債務といっても、税金の未納分や電気料金の未払い分など、日常当たり前のように生じるものもあります。債務だからといって、すぐに大騒ぎする必要はありません。

債務の中で、サラリーマン家庭のみなさんに最も馴染みが深いのは、やはり住宅ローンでしょう。被相続人が住宅ローンを残したまま亡くなった時には、その住宅ローンを被相続人が引き継ぐことになります。しかし住宅ローンを契約するときには、大半の方が団体信用生命保険（「団信」と呼びます）に加入します。団信は、加入者本人が死亡した時には、生命保険会社が住宅ローンの残債を支払ってくれるという制度のため、残された遺族が、住宅ローンの負担に苦しむということはありません。

第7節　財産評価から考える節税

ここまで、みなさんの財産が相続税を考えるうえで、どのくらいの価値を持つのかを把握するために、相続一郎さんの例を交えながら、様々な財産の種類別に財産評価の方法をご紹介しました。

すでにお気づきの方もいると思いますが、財産の中には、現金や預貯金などのように額面どおりに評価されるものと、土地や建物などのように評価の安全性や換金性などを加味して、実際の取引価格（時価）よりも低く評価されるものがあります。そこでこの章の最後に、こうした財産評価の特徴を生かして、どのような節税が可能なのか、事例を交えて解説します。

1．預貯金などの金融資産から不動産への資産の組み替え

富岡進さん（75歳）は、数年前に40年以上勤めていた会社を定年退職しました。現在は大阪市郊外の一軒家に、奥様の友子さん（73歳）と愛猫とともにのんびりと暮らしています。ご自身の企業年金が比較的高額なこともあり、ありがたいことに、この先の生活費を心配することもないようです。進さんの銀行口座には、退職金のうち2，000万円が、静かに息をひそめて眠っています。

ある日自宅のバルコニーでのんびり愛猫の首筋をなでながら、進さんは、先日参加した相続税セミナーで聞いた、現預金を不動産に組み替えれば相続税対策になるという話を思い出しました。

セミナーで聞いた話は次のようなものでした。たとえば、進さんが手持ちの2，000万円で、1，000万円相当の土地の上に1，000万円相当の家屋が建った不動産物件を購入します。宅地の相続税上の財産評価額は、だいたい時価の8割、家屋の財産評価額は時価（建築価額）の半分程度です。つまり2，000万円で購入した土地付き建物の相続税評価額は、1，300万円になります。

さらにこの土地付き建物を、誰かに賃貸したらどうでしょう。土地も建物も、誰かに貸すということは、売却して現金を得る換金性が減るということです。この点を加味し、相続税の財産評価では貸家や貸家が建っている敷地（**「貸家建付地」**といいます）の評価額は減額されます。具体的には、貸家ならば評価額は普通の家屋の3割減、貸家建付地ならば、場所によって異なりますが、

通常2割から3割程度の減額があります。その結果、2,000万円で購入した土地付き建物の財産評価額は、半分以下（982万円）にまで圧縮されます。計算の明細は次のとおりです。

【財産評価の内訳】

1．貸家建付地の財産評価額　　前提：借地権割合70％、借家権割合30％

購入時の時価1，000万円

①宅地としての財産評価額

時価1，000万円×概算80％＝800万円

②貸家建付地としての財産評価額

800万円－（800万円×借地権割合70％×借家権割合30％）＝632万円

2．貸家の評価

①家屋の財産評価額

時価1，000万円×概算50％＝500万円

②貸家の財産評価額

500万円×（1－借家権割合30％）＝350万円

3．1＋2＝982万円

不動産を購入して貸家として貸し出すことができれば、毎月の賃貸収入も期待できるでしょう。年金生活にゆとりはあるとはいえ、さらなるゆとりが生まれることはありがたいことです。

70

（こんど不動産屋さんに、少し詳しい話を聞いてみようかな……）。青空に浮かんだ白い雲を眺めてそんなふうに考える進さんの膝の上で、愛猫が（ぐるるっ）とのどを鳴らすのでした。

ところでバブルのころには、こうした時価と財産評価額のかい離を狙った節税対策を防止するために、個人の方についても「新たに購入した土地や建物の価額は、購入後3年の間は購入した金額によって評価する」という規定がありました。バブル崩壊後この規定は廃止されましたが、将来また復活する可能性がなきにしも非ず……ということはご承知おき下さい。

2．タワーマンションを使った節税の有効性

不動産の時価と相続税上の財産評価額のかい離を利用した節税対策の最たるものが、タワーマンション節税です。

マンションの財産評価方法のところでご紹介したとおり、マンションの建物部分の財産評価は、全体の建物の評価額を各部屋の専有面積比によって按分することにより、算出されます。敷地の部分の財産評価も同様の方法で行われます。タワーマンションは比較的小さな敷地に高層マンションを建築し、何百戸も収容するわけですから、おのずと各戸の土地の持分は極めて小さくなります。

また財産評価の方法では、タワーマンションは、低層階であっても高層階であっても、面積が同じであれば財産評価額は同じです。三大都市圏など、土地の価格が驚くほど高額な場所に建てられた物件でも、相続税上の財産評価額が大変低く抑えられるのです。

一方不動産市場では、タワーマンションは眺望のよい高層階の物件ほど高額で売買される傾向があります。

その結果、財産を現預金などの金融資産からタワーマンションに組み替えた場合、高層階であれば、財産評価額上は3割程度にまで圧縮できるといわれてきました。

こうしたことから、都市部を中心としたタワーマンションの建設ラッシュが起こり、2015年1月に行われた相続税の増税を受けて、富裕層を中心にタワーマンションの購入が広がっていました。

しかし、2015年11月上旬に、タワーマンションの取引価格と財産評価額の大幅なかい離を利用した過度な節税に対し、国税庁が監視の目を強めているとの新聞報道がありました。実際に税負担の公平を著しく害する恐れがある場合には、節税策が否認されることもあります。行き過ぎた節税策にはそれなりの対応がなされるということは、肝に銘じておく必要があるでしょう。

また、財産評価額に示されるとおり、タワーマンションは資産価値が低く、以上のような投機的な目的で買われやすいことから、売買価格が変動しやすいことも懸念されます。相続税の節税になるからと購入しても、後日の売却で損をしてしまっては元も子もありません。慎重に検討する必要があるでしょう。

3．将来購入するものを、今のうちに買って節税する

亡くなった時、ほとんどの方はお墓に入ります。この章のはじめのほうで紹介したとおり、被相続人が所有していた墓地や仏壇は、相続の時には非課税となる財産です。しかし、被相続人が亡くなった後に墓地や仏壇を用意した場合、これは「被相続人の財産」ではありませんから、非課税財産として相続税の申告をすることはできません。将来墓地や仏壇を購入しなければならないのなら、今のうちに準備しておいたほうが、賢明といえるでしょう。

リフォームについても同様のことがいえます。

福永道夫さん（80歳）は奥様の時子さん（75歳）とともに、住宅街のマンションで暮らしています。マンションを購入したのは、35年前。壁紙はもとより、水回りもだいぶ傷んでいます。娘さんはすでに大学時代の同級生と結婚し、最近近くに新しく建設されたマンションを購入し、引っ越しています。

新築のマンションは何もかもがピカピカです。キッチンの水栓がシャワーであったり、お風呂の保温が自動でされたり……。それに高齢者でも安全に過ごせるバリアフリーの設備が整っていて、足元がおぼつかなくなってきた時子さんでも、敷居に引っかかってころびそうになる、なんてことがないのです。

娘さんの家に遊びに行って帰ってくるたび、時子さんは、「はあ～っ」と深いため息をつきながらお茶をすすり、しげしげと道夫さんの顔を覗き込んでは、「私もあんなマンションで生活し

てみたい……」と恨めし気につぶやくのです。

こうした場合、もし手元に余剰資金があるならば、早めにリフォームをすることをお勧めします。たとえば、300万円の現預金を残して亡くなると、300万円の財産として評価されます。しかし、300万円でリフォームをし、奥様が喜ぶキッチンとお風呂場、安全で使いやすい生活空間を手に入れたら、道夫さんだって快適な生活と奥様の笑顔を手に入れる一方、相続財産の300万円のうちかなりの額を圧縮することができるのです。

さて、これで財産評価の話は終わりです。ここまでの話をもとに、みなさんも簡単にご自分の家庭の財産評価をしてみましょう。次ページに、財産評価概算表を掲載しておきます。わからないところは、おおざっぱでも構いません。とりあえず思い当たる財産をリストアップし、これまでの話を参考にしながら、だいたいの財産評価額を書きだしてみて下さい。「そういえばあれもあったな、これも財産だな……」と、意外とたくさんの財産が書き出せるかもしれません。

私の財産評価概算表

財産の内容	財産評価額（概算）	備　　考
自宅家屋		
自宅敷地		
家　財		
預貯金		
有価証券		

第3章

あなたの税金はいくら？相続税を計算してみよう！

第2章では、亡くなった方（被相続人）が持っていたいろいろな財産について、相続税上の財産評価額を調べていきました。

この章では、これらの評価額をベースに、相続税の実際の計算手順を解説していきます。みなさんがご家族の財産についておよその相続税額を計算して相続税のリスクを判定するためには、財産評価と同様に相続税の計算方法を知らなければなりません。ゆっくりでかまいませんから、これから紹介する手順を覚えて下さい。

またこの章の最後には、「相続税の計算」という点からみた節税のヒントも紹介しています。時間があるときに読んで、節税を考えるときの参考にしてください。

相続税の計算手順は、①課税価格の計算、②基礎控除額と課税遺産総額の計算、③相続税の総額と相続人各人が納付する相続税額の計算、④税額控除の適用のステップから成り立っています。どのような財産をどのように相続しても、みな同じ計算手順で相続税を計算します。正式な計算手順の中には複雑な部分もありますが、サラリーマン家庭などの一般的な相続であれば、気にしなくてよいところもありますので、できるだけシンプルにご紹介します。

第1節　相続税の計算手順●その1 課税価格の計算

実際に相続が起きると、まず税理士が行った財産評価をもとに遺産分割協議をして、各相続人が相続する財産を決めます。分割の方法によって相続税の額が異なる場合もありますから、遺産分割協議と並行して税理士が必要に応じて相続税の額の試算を行い、相続人の方々と話し合います。また、遺産分割協議が終了後に、各人の納付税額を確定するために、正式な相続税の額を計算します。

このように本来、相続税の計算は遺産分割協議を前提として行います。みなさんが将来起こる相続について税額の試算をするときには、「今、我が家に相続がおこったら、だれが何を相続していくら税金を払うのか」という仮定のもとに計算をしてください。

具体的なイメージがわくように、ここでまた相続一郎さん一家に登場していただき、話をすめていきます。

相続一郎さんの奥様は花子さん（78歳）です。専業主婦の花子さん、一郎さんと同様に活動的な方です。コーラスの会やフラダンスのサークル、ボランティア、毎日大忙しです。

息子さんの太郎さんは55歳、設計事務所を経営しています。両親の住まいが建つ敷地に余裕があったため、設計士として知恵をしぼり、10年ほど前に同じ敷地内に家を建てて奥様と2人のお子さんと生活しています。

もう1人のお子さんは娘の良子さん（50歳）。遠方に嫁いでいて、サラリーマンのご主人と、やはり2人のお子さんと、ご主人所有のマンションで暮らしています。

ある日、たまたま実家に集まった家族を前に、一郎さんが次のように書かれた1枚の紙を差し出しました。

相続一郎　財産一覧

内　容	財産評価額
自宅建物	800万円
自宅敷地	10,000万円
預貯金	1,500万円
株式など有価証券	3,000万円
家財一式	50万円
車	150万円
合　計	1億5,500万円

「なんだよ、これ?」突然の出来事にあっけにとられた太郎さんに、一郎さんは、「私もいよいよ終活だ。ついてはだれにどの財産を相続させるか、この場で決めておきたい」と、決意を語ります。

確かに不幸は突然やってくるもの、考えてみれば一郎さんも80歳、長生きしてほしいとはいうものの、準備をするにこしたことはないでしょう。「なるほどねえ……」一同感慨深げにうなずくと、居住まいをただし、一郎さんの話に耳を傾けます。

「我が家の場合、自宅もそこそこ広い。株式投資も順調だ。ゴルフ仲間でも相続の話が話題に上るし、心臓の持病のこともある。最近相続税の本を買い込んで勉強したのでおおよその財産の評価はできた。あとはみんなで分割の話をまとめ、相続税の額を計算し、家族のみんなで税金を払えることがわかれば、ばっちり」なのだそうです。

一同、「わかった」とうなずきました。そして、いよいよ相続税の計算です。

1．誰が何を相続するか決める

まず、誰が何を相続するかを決定し、各相続人ごとに、「**課税価格**」を計算します。課税価格とは、相続税の対象となる相続財産の金額と考えてください。

「で、みんな何が欲しい？」とあけすけな質問を投げかけ家族の顔を覗き込む一郎さんに、今まで押し黙っていた花子さんが口を開きました。

花子さんは、自分より一郎さんが先に亡くなることがあっても、今の家にこのまま住み続けたいそうです。ですから、自宅の家屋はもとより自宅の敷地、家財一式と車は自分が相続をするといいます。一方、花子さんは年金の受給も受けており、そのほかにある程度のたくわえがありますので、一郎さんが亡くなっても、生活に困ることはありません。「息子や娘が今までと変わらず私を大切に思ってくれるなら、株式や預貯金は子供たちに相続させましょう」、花子さんは高らかに宣言するのでした。

良子さんは、お母さまの申し出に感謝感激です。子供たちの教育に、まだまだお金がかかります。すぐに現金に換えられる預貯金や株式などを相続するのが、一番ありがたいのです。かといって、良子さんや良子さんのご主人に株の知識はありません。それにお兄さんの太郎さんは両親の近くに住んで、何かと面倒を見てくれていますから、遠慮もあります。思慮深い性格の良子さんは、「私は１，５００万円の預貯金を相続できれば充分よ」と太郎さんに申し出ます。
太郎さんも、お母さまや良子さんの考えに反対する気はありません。もともと仲のよい家族、すんなり遺産分割協議はまとまり、３人は次のように財産を相続することとしました。

それぞれの相続人の課税価格の計算

相続により取得した財産の価格		
花子さん	太郎さん	良子さん
家財一式 50万円 車 １５０万円 自宅建物 ８００万円 自宅敷地 １０，０００万円	株式など ３，０００万	現預金 １，５００万円

ここで、花子さんが相続する自宅敷地に「**小規模宅地の特例**」を適用することを忘れてはいけません。小規模宅地の特例は、サラリーマン家庭の相続税を考えるときの最重要項目ですから、簡単に確認します。

▼自宅の敷地は守れるか、小規模宅地の特例を確認しよう

小規模宅地の特例とは、被相続人などが住んでいた自宅の敷地、事業のために使用していた土地、他人に貸し付けていた土地などで、一定要件をクリアしたものに適用される制度です。サラリーマン家庭の相続であれば、まずは**自宅の敷地**（**「居住用宅地等」**）についてこの制度を理解すれ

ば十分です。

また、小規模宅地の特例は、一戸建て住宅だけではなく、マンション敷地の区分所有持分についても適用できます。マンションに住んでいる方も、忘れないでください。

小規模宅地の特例の適用を受けられる自宅の敷地面積は、３３０㎡までです。適用を受けられれば、この限度面積までの財産評価額は80％減額（8割引き）されて、課税価格に組み込まれます。相続税が大幅に安くなる、大変ありがたい制度です。

しかし、いってみれば8割引きという大サービスを受けるのですから、そうやすやすと適用が許されるはずがありません。自宅についてこの特例の適用を受けるには、以下のような厳しい条件をクリアする必要があります。

1．その土地（借地権を含みます）は、被相続人が亡くなった時点で、被相続人または被相続人と**「生計を一」**にしていた被相続人の親族の居住用家屋（自宅）の敷地でなければなりません。

＊「生計を一」というのは、被相続人と同じお財布で生活していたという意味と理解すればよいでしょう。

2．その土地を相続により取得する人は、次のいずれかに該当する人でなければなりません。

①被相続人の配偶者（配偶者であれば無条件でこの特例を受けることができます）

②被相続人と同居していた親族（この場合その親族は、被相続人が死亡したあとも相続税の申告期限まではその居住用の家屋に住み続け、その土地を所有し続けていなければなりません）

③①、②の人がいない場合に限り、被相続人と同居していない親族で、被相続人が亡くなる3年以内に、自分または自分の配偶者の所有する家屋に居住したことのない人（国籍などについて一定の要件あり）

また、この特例は、相続開始前3年以内に贈与により取得した宅地等や、後ほど解説する相続時精算課税に係る贈与により取得した宅地などについては、受けることができません。

相続家について、誰がこの制度の適用を受けられるか、あらためて考えてみましょう。自宅敷地は被相続人である一郎さんが住んでいたのですから、1の要件はクリアします。2の要件はというと、配偶者である花子さんであれば、問題なくこの制度の適用を受けることができます。では、太郎さんはどうでしょうか。太郎さんは一郎さん夫婦とは独立した生計を営んでいますし、同じ敷地内に自分の家を建てて住んでいるのですから、適用要件に該当しません。また良子さんも2.③の要件に該当しませんから、はなからこの制度の適用は考えられません。今回の相続では、配偶者である花子さん以外にこの制度の適用を受けられる人はいないことになります。となると税金の面でも、当たり前ですが、花子さんが自宅の土地を相続するのが一番、ということになります。

では、この家族の次の相続、すなわち花子さんが亡くなったときにはどうなるのかについては、本章第5節で触れたいと思います。

いずれにせよ、今回は花子さんが自宅敷地を相続して、1億円の相続税評価額が8割減額されて、めでたしめでたし。その結果、課税価格は次のようになります。

それぞれの相続人の課税価格の計算

相続により取得した財産の価格		
花子さん	太郎さん	良子さん
家財一式 50万円 車 150万円 自宅建物 800万円 自宅敷地 **2,000万円**	株式など 3,000万	現預金 1,500万円

ところで、小規模宅地の特例の適用を受けるには、相続税の納付が生じない場合にも、必ず相続税の申告が必要です。この点は、絶対に忘れないでください。

2. 生命保険金や死亡退職金を受け取っている場合の課税価格の計算

「ねえ、お父さんが死んだら、お父さんが掛け金を払った生命保険契約って税金がかかるの？」不安げに良子さんが聞きます。一郎さんは遠方に嫁いだ娘が不自由なく生活しているか、いつも気がかりです。数年前に株式投資で大きな利益が出たときに、良子さんを保険金の受取人とする生命保険契約に加入していたのでした。その保険金の額は第2章で説明したとおり、1,000万円です。

生命保険金は契約により受取人があらかじめ決められていますから、遺産分割協議の対象からは除外されます。しかし、みなし相続財産として相続税の課税の対象には含まれますから、良子さんが受け取るはずの生命保険金の額を、この表に加算しなければなりません。さらに、相続人が受け取る生命保険金は、５００万円×法定相続人の数までが非課税です。今回の相続では法定相続人が３人ですから、５００万円×３人＝１，５００万円までが非課税になります。良子さんの受け取る１，０００万円の全額について、相続税が課税されません。

ところで、この非課税の規定には、「相続人が受け取る」という条件があります。ですから、一郎さんが生前、たとえば、相続人でない自分の弟の次郎さんを保険金の受取人として生命保険契約に加入していた場合、次郎さんの受け取る保険金は非課税の対象となりません。

ここまでの計算は次のとおりです。

それぞれの相続人の課税価格の計算

相続により取得した財産の価格		
花子さん	太郎さん	良子さん
家財一式 50万円 車 150万円 自宅建物 800万円 自宅敷地 2,000万円	株式など 3,000万円	現預金 1,500万円
みなし相続財産の価額		
		生命保険金 1,000万円

非課税財産の価額	生命保険金△１，０００万円

3．相続時精算課税の適用を受けていた場合の課税価格の計算

「そういえばさ、５年前に設計事務所を設立する時、お父さんから２，０００万円援助してもらったよね。たしか税理士の先生に相談して、**『相続時精算課税制度』**とかいう制度を使ったけど、その時に贈与税を払わなくていいといわれたよね。あれは相続財産に入れなくていいのかな？」、太郎さんが一郎さんに尋ねます。

相続時精算課税制度とは、高齢化社会が進むなかで、高齢者が持つ財産を早期に若い世代に贈与してもらうことにより、消費を活発化させることを目的に導入された贈与の制度で、みなさんがよくご存じの普通の贈与（**「暦年贈与」**といいます）とは、性格が異なります。

詳しい内容は第５章で説明しますが、この制度の下で資産の贈与を受けた場合、贈与時点では、２，５００万円までは贈与税が課税されず、２，５００万円を超える部分についてのみ、一律20％の贈与税が課税されます。太郎さんが「贈与税を払っていなかった」といったのはこのためです。

しかし、２，５００万円まではタダでもらえるというわけではありません。贈与をした方に相続が発生したときに、相続時精算課税制度の適用を受けた財産を、その方の財産に再度入れなおして（**「もち戻し」**といいます）、相続税の額を計算します。相続時精算課税の対象となった財産が

2,500万円を超えていて、その部分について贈与税を支払っていたならば、相続税の計算をするときに、相続税と贈与税を精算します。

それぞれの相続人の課税価格の計算

	花子さん	太郎さん	良子さん
相続により取得した財産の価格	家財一式 50万円 車 150万円 自宅建物 800万円 自宅敷地 2,000万円	株式など 3,000万円	現預金 1,500万円
みなし相続財産の価額			生命保険金 1,000万円
非課税財産の価額			生命保険金△1,000万円
相続時精算課税に係る贈与財産の価額		**現金 2,000万円**	

4. 相続人が負担した債務や葬式費用の金額

「こんな話が出たついでだから聞いてしまうけど……、お父さんが亡くなったらどれくらいのお葬式をすればいいのかしらね？」花子さんがぽつりとつぶやきました。

被相続人の債務を相続人が引き継いだり、被相続人の未払いの税金などを相続人が納付した場合には、その金額も課税価格の計算上差し引くことができます。被相続人の葬式費用も債務と同様に扱われるので、被相続人の葬式費用を相続人が負担した場合には、その金額は、課税価格の計算上差し引きます。この取り扱いを受ける債務や葬式費用は、相続税の法律の中で細かく規定されています。たとえば、債務といっても被相続人が亡くなった時点で確定していなかったものは差し引くことができませんし、葬式費用の中には香典返しなどは含まれません。

「お布施も含めて200万円くらいじゃないか？　簡単でいいよ」何事にもあっさりした一郎さんが答えます。200万円の葬式費用は花子さんが自分の預貯金から支払うとして、この金額を課税価格の計算上、花子さんの課税価格から差し引きます。

それぞれの相続人の課税価格の計算

	花子さん	太郎さん	良子さん
相続により取得した財産の価格	家財一式　50万円 車　150万円 自宅建物　800万円 自宅敷地　2,000万円	株式など　3,000万円	現預金　1,500万円
みなし相続財産の価額			

		生命保険金　１，０００万円
非課税財産の価額		
		生命保険金△１，０００万円
相続時精算課税に係る贈与財産の価額		
	現金　２，０００万円	
債務及び葬式費用の額		
葬式費用　△200万円		

5. 被相続人の亡くなった日から3年以内に受けた贈与（暦年贈与）

「ところで、私が亡くなったら、その日から3年以内に私がお前たちに贈与した財産は、相続財産に加えなくちゃならないそうだ」、一郎さんが家族に話します。

被相続人が亡くなった日からさかのぼって、３年以内に受けた贈与の額は、相続税の計算上も持ち戻しをしなければなりません。これは、亡くなる直前に贈与を行い、相続税の負担を意図的に軽減する行為を防止するためです。

一郎さんの言葉を聞いて、良子さんがはっと顔をあげました。実は良子さん、２年ほど前にご主人の務めている会社が経営難に陥り賞与がカットされたとき、一郎さんから５００万円の生前贈与を受けていたのです。このとき良子さんは、53万円の贈与税を納めています。

「もし今お父さんに何かあったら、あの５００万円は取り上げられるの？」良子さんは不安でたまりません。いえ、そんなことはありません。もち戻しとは、贈与税と相続税の精算をするということであって、贈与自体が否定されるわけではないからです。良子さん、安心して下さい。いずれにせよ、相続税の計算上は、「仮に今、一郎さんが亡くなったら……」ということで、良子さんの受けた贈与をもち戻すことにします。

以上で、課税価格の計算は終了です。この結果、相続家の３人の相続人の課税価格は次のようになりました。

それぞれの相続人の課税価格の計算

	花子さん	太郎さん	良子さん
相続により取得した財産の価格	家財一式 50万円 車 150万円 自宅建物 800万円 自宅敷地 2,000万円	株式など 3,000万円	現預金 1,500万円
みなし相続財産の価額			生命保険金 1,000万円
非課税財産の価額			生命保険金△1,000万円

相続時精算課税に係る贈与財産の価額		
	現金　2,000万円	
債務及び葬式費用の額		
葬式費用　△200万円		
相続開始前3年以内の贈与財産の価額		
		現金　500万円

課税価格の合計額

花子さん	太郎さん	良子さん	合計額
2,800万円	5,000万円	2,000万円	9,800万円

第2節　相続税の計算手順●その2　基礎控除額と課税遺産総額

「次はいよいよ、相続税の計算か……いくらになるのかな」

税額計算もいよいよ佳境、一郎さんは、いてもたってもいられない様子です。

課税価格の合計額までわかってしまえば、相続税の計算のプロセスは比較的簡単です。

算出した課税価格の合計額から「基礎控除額」（3,000万円＋600万円×法定相続人の数）を

相続の順位

順　位	説　　明
配偶者	被相続人の配偶者（夫または妻）は常に相続人となります。
第一順位 直系卑属	子、子が死亡していればその子の子（孫）が相続人となります。子は養子であってもかまいません。
第二順位 直系尊属	第一順位の相続人がいない場合は、父母。父母がいない場合には、祖父母などの直系尊属が相続人となります。被相続人が普通養子の場合には、実父母も養父母も相続人になります。
第三順位 兄弟姉妹	第二順位の相続人がいない場合は、被相続人の兄弟姉妹が相続人となります。兄弟姉妹が亡くなっていれば、その兄弟姉妹の子（甥や姪）が相続人となります。

差引きます。この金額が、実際に相続税がかけられる財産の総額（「**課税遺産総額**」）です。

ここで、あらためて「**相続人**」ということばを考えてみたいと思います。相続家の場合、花子さん、太郎さん、良子さんが相続人ですが、なぜこの3人が相続人なのでしょうか。一郎さんの弟の次郎さんは、なぜ相続人になれないのでしょう。

みなさんは「民法」という法律をご存じでしょうか。民法は私たち個人の生活の中で生じる様々な出来事について、私たちが従うべきルールを定めた、大変重要な法律です。民法には、相続についても細かいルールがあり、相続があったときには被相続人の財産を相続する人（相続人）を明確に定めています（上記表参照）。

相続家では、配偶者と第一順位の子供が2人いますから、この3人が相続人になります。第一順位がいるので、第三順位の次郎さんが相続人になることはできません。

民法の基本ルールをもとに、相続に関する税金のルールを定めているのが相続税法という法律です。相続税のお話しをする中で、相続人は「民法で定められた相続人」です。また、相続の放棄をするとそのかたは、「相続人」ではなくなるのですが、相続税の世界では、放棄がないものとして考えた相続人を「**法定相続人**」と呼び、基礎控除額の算定などに使います。

ところで、被相続人が生前に遺言を作成し、あらかじめ自分自身の財産をあげる人を決めることがあります。これを「**遺贈**」というのですが、遺贈は相続人以外の人に対して行うことが可能です。一郎さんが遺言により次郎さんに財産をあげることはできるのです。しかし遺贈を受けた人（受遺者）は相続税の税額の計算上、法定相続人の数に含めません。受遺者が法定相続人の数に含まれたら、相続人以外の人に遺贈をどんどんして基礎控除額を増やすという税金逃れ（租税回避）ができてしまいますから、当たり前ですね。

相続家の例に戻って、基礎控除額を考えましょう。この家族の場合、基礎控除額は３，０００万円＋６００万円×３＝４，８００万円です。相続家の課税価格の合計額は９，８００万円でした。この金額から基礎控除額を差引いた５，０００万円が、実際の税金計算のベースとなる課税遺産総額です。

コラム 4

法定相続分の違い

民法は、相続全般に関するルールを定めています。みなさんご存じの法定相続分も、民法第900条に「相続分」として定められています。

この相続分については、平成25年9月4日の最高裁判決を受けて、非嫡出子の相続分を嫡出子の相続分と同じにする主旨の改正が行われました。つまり婚外子も法律上の婚姻関係にある男女の間に生まれた子と同様の相続分を持つということです。

この改正は平成25年12月11日に公布されましたが、最高裁判決の翌日以後の相続にまでさかのぼって（遡及して）適用されます。それ以前の相続については、改正前の相続分です。このように法律の改正を行う時には、遡及する期間を区切ります。改正による混乱を避けるための措置です。

ところで相続人の地位（たとえば、子供や兄弟など）が同じならば、相続分はいつも同じとは限りません。民法900条では、父母ともに同じ兄弟姉妹（全血）と父母のうちどちらか一方のみを同じくする兄弟姉妹（半血）の相続分を2対1としています。

民法では血縁を重んじるということでしょうか。

第3節　相続税の計算手順●その3　各人が納付する相続税額の計算

1．法定相続分による分割

相続税の計算のベースとなる課税遺産総額が確定したので、いよいよ相続税の総額を計算します。このとき用いるのが、民法が定める遺産分割の割合、「**法定相続分**」です。

相続人の構成	法定相続分
配偶者のみ	配偶者が1
配偶者＋第一順位	配偶者が1／2　第一順位（子など）が1／2
配偶者＋第二順位	配偶者が2／3　第二順位（父母など）が1／3
配偶者＋第三順位	配偶者が3／4　第三順位（兄弟姉妹など）が1／4

相続人の間で行われる実際の遺産分割の割合によって相続税の総額が変わるようなことがあっては、国民の間で不平等が生じます。そこで相続税の総額の計算では、民法が定める法定相続分を用いて税額の総額を計算することにより、同じ課税遺産総額であるならば、相続人の間でどのように財産をわけようとも、納付する相続税の総額は同じになるようにしています。

相続家は配偶者と第一順位（子）の相続ですから、配偶者である花子さんの法定相続分は1／2、2人のお子さんの法定相続分はそれぞれ1／2×1／2＝1／4です。つまり、それぞれ

の法定相続分は、

花子さん　5,000万円×1／2＝2,500万円
太郎さん・良子さん　5,000万円×1／4＝1,250万円

になります。

2．税額の総額の計算

相続税は、「**超過累進税率**」と呼ばれる税率によって計算されます。難しい名前ですが、簡単にいえば「各相続人が法定相続分に従って取得する金額のうち、一定金額を超える部分には、より高い税率で相続税をかけますよ」ということです。具体的には次のようになっています。

相続税の税率

各相続人の取得する金額が1,000万円以下の部分	10%の税率
1,000万円超3,000万円以下の部分	15%
3,000万円超5,000万円以下の部分	20%
5,000万円超1億円以下の部分	30%
1億円超2億円以下の部分	40%

2億円超3億円以下の部分	45％
3億円超6億円以下の部分	50％
6億円超の部分	55％

たとえば花子さんの場合は、2，500万円が法定相続分ですから、相続税は、

最初の1，000万円：
　1，000万円×10％＝100万円
次の　1，500万円：
　1，500万円×15％＝225万円
合計で　100万円＋225万円＝325万円

になります。

しかしこれでは計算が面倒なので、実際に相続税を計算する時には、次の速算表を用います。

相続税率速算表

法定相続分による取得金額	税率	控除額
1，000万円以下	10％	

3，000万円以下	15％	50万円
5，000万円以下	20％	200万円
1億円以下	30％	700万円
2億円以下	40％	1，700万円
3億円以下	45％	2，700万円
6億円以下	50％	4，200万円
6億円超	55％	7，200万円

相続家の2人のお子さんの法定相続分は1，250万円ですから、この速算表を使うと、

1，250万円×15％－50万円＝137万5，000円

になり、3人の税額をあわせた相続税の総額は、

325万円＋137万5，000円×2＝600万円

です。

「600万円か……何とか払えそうだな」、一郎さんのつぶやきに、一同「うん」と強くうなず

きます。しかし総額はわかったものの、花子さん、太郎さん、良子さんは、具体的にいくら税金を納付するのか……まだピンとはきません。そこで次に、実際に支払う相続税の額を計算します。

3．実際に各人が納付する税額の計算

実際に相続をするときには、法定相続分により遺産を分割するとは限りません。分割協議さえ整えば、どのような割合で相続財産を分割してもかまいませんし、現実にはいろいろな相続財産がありますから、1円単位まできっちりと法定相続分で相続するのは困難です。そこで、確定した相続税の総額を、それぞれの相続人の課税価格が課税価格の合計額に占める割合で按分し、実際に納める税金の額を決定します。

相続税の総額600万円／課税価格の合計額の内訳

花子さん	太郎さん	良子さん	合計額
2,800万円	5,000万円	2,000万円	9,800万円

したがって、それぞれの相続人が実際に納める相続税の額は、

花子さん　600万円×2,800万円／9,800万円＝171万4,200円
太郎さん　600万円×5,000万円／9,800万円＝306万1,200円
良子さん　600万円×2,000万円／9,800万円＝122万4,400円

となります。ちなみにこの計算では、100円未満は切り捨て、税金が少しだけおまけされます。相続または遺贈により財産を取得した場合、一親等の親族と配偶者以外の人は、ここで相続税が2割加算されます。

第4節 相続税の計算手順●その4 税額控除の適用

相続税では、相続人の事情や相続の状況などを考慮し、相続人が納める税金の額を減額する「**税額控除**」がいくつか用意されています。実際に各人が納付する税額が決まったのちに、それぞれの相続人について、税額控除の適用を検討し、必要に応じて控除の計算を行います。

1．贈与税額の控除

課税価格の計算のところで、被相続人が亡くなった日からさかのぼり3年以内に行われた暦年贈与については、相続財産に加えて相続税の計算を行うと解説しました。相続家の場合にも、2年前に花子さんに対して500万円の贈与が行われていました。花子さんが納めた53万円の贈与税のゆくえはどうなるのでしょう。

相続税の計算では、それぞれの相続人の納付する税金の額が確定した後で、既に納めた贈与税の額を差し引くことにより、相続税と贈与税の精算を行います。

良子さんが一郎さんから贈与を受けた時に納めた53万円の贈与税は、良子さんが今回の相続で納めるべき相続税（122万4，400円）から差し引かれます。つまり良子さんは贈与税を払って相続税の前払いをしたようなもの、良子さん、今度はなんだか得した気分です。

2．配偶者の税額軽減

配偶者の税額軽減とは、配偶者（妻や夫）が相続をする財産については、配偶者の法定相続分相当額（1／2）、もしくは1億6，000万円のいずれか多いほうまでは、相続税が課税されないとする制度です。被相続人の財産の形成には、配偶者の貢献した部分が大きかったと考えられます。また残された配偶者の生活保障にも配慮しなければなりません。そこで相続税では、このような制度を定め、配偶者の税金の負担を軽くしています。

花子さんについて考えてみましょう。花子さんの相続する財産の課税価格は2，800万円です。この金額は、花子さんの法定相続分（1／2）に相当する4，900万円（課税価格の合計額である9，800万円×1／2）と1億6，000万円を比べた時の多いほうの金額（1億6，000万円）以内ですね。ですから、花子さんは相続税（171万4，200円）をまるまる納めなくてよいことになります。現預金を相続しない花子さんにとっては、大変うれしい制度です。

しかしこの制度の適用を受けるためには、①相続税の申告期限までに遺産分割協議がすでに完了していること、②相続税の申告を行うことが必要です。

また、後の節税ポイントで紹介するように、配偶者が亡くなった時の相続（「**二次相続**」といいます）まで考えると、配偶者の税額軽減を受けることが果たして本当に得になるのか、十分な検討が必要な場合もあります。

3．未成年者控除

未成年者は、自立していない場合がほとんどであり、被相続人が亡くなった後の生活の保障に配慮しなければなりません。そのため相続税法では、相続人が未成年者の場合には、相続税の額から一定の金額を差引くこととしています。具体的には、未成年者が20歳に達するまでの年数に10万円を乗じた金額が、相続税の額から差し引かれます。

未成年者控除の適用を受けるためには、①法定相続人であること、②相続財産を取得した時に20歳未満であること、③日本国内に住所があるか、日本国内に住所がなくても一定の要件を満たす必要があります。

また、未成年者控除の金額が納付すべき税額よりも多い場合は、その多い部分の金額はその未成年者の扶養義務者（配偶者、両親や祖父母、兄弟姉妹など）が納付すべき相続税額から差し引くことができます。なお、相続人が以前にも相続税の未成年者控除を受けている場合は、差し引かれる金額が制限されることがあるので、注意が必要です。

4．障害者控除

障害者に対しても、生活保障について配慮が必要です。相続税では相続人が障害者である場合には、相続税の額から一定の金額を差引くこととしています。具体的には、その障害者が85歳未満である時、85歳に達するまでの年数に10万円（特別障害者の場合は20万円）を乗じた金額を相続税の額から差し引きます。

未成年者控除と同様に、障害者控除の適用を受けるためには、①法定相続人であること、②相続財産を取得した時に障害者であること、③日本国内に住所があるか日本国内に住所がなくても一定の要件を満たす必要、があります。

また、相続人が以前にも相続税の障害者控除を受けている場合や以前の相続では障害者であった人が今回の相続では特別障害者に該当する場合は、差し引かれる金額が調整されますので、これも注意が必要です。

5. その他の控除

▼相次相続控除

おじい様が亡くなり、その財産を相続したお父様が間もなく亡くなるなど、比較的短い期間に相続が相次ぐ場合には、相続税の負担が重くなります。このため、最初の相続から次の相続までの期間が10年以内である場合、最初の相続で納めた相続税額の一部を次の相続で納付すべき税額から差し引く、相次《そうじ》相続控除という制度が設けられています。

相次相続で差し引かれる金額は、複雑な計算式によって計算されますが、最初の相続から10年間は、納付した税額から1年あたりおよそ10%を差引いた金額が差し引かれるというイメージを持っておけばよいでしょう。

▼外国税額控除

亡くなった方が外国に財産を持っていた場合、外国にある財産を相続すると、同じ相続財産について、その国と日本の2つの国で相続税がかけられる、「二重課税」という問題が起こります。そこで相続税では、外国で納めた相続税相当額は日本で納める相続税の額から差し引くことができる、外国税額控除という制度を設けています。

▼相続時精算課税制度の適用を受けた場合の税額控除

本章1節で、相続時精算課税制度について簡単に触れていますが、相続時精算課税制度の適用を受けた時に納めた贈与税についても、最終的に納付する相続税から差し引かれ、相続税と贈与税の精算が行われます。

相続家の例では、太郎さんが相続時精算課税制度によって2,000万円の贈与を受けていましたが、税金は納めていませんでしたので、この税額控除の適用はありません。

▼おおよその相続税額を計算するには

ここまで相続税の計算の大まかな流れを見てきました。なるほど複雑な計算だなあと思われた方もいるのではないでしょうか。ただご安心下さい。この程度の知識を持っておけば、サラリーマン家庭のみなさんが相続を迎えたときに、税金の計算にうろたえることはありません。また、税理士と相談する時にも、何が何だかわからないということにはならず、対等に話を進めていくことができるでしょう。少しずつでよいので、理解を進め知識をつけておくことをお勧めします。

ところでみなさんはこれから相続を行うのですから、まだ分割もすんでおらず、誰が何を相続するかわからない状態です。また、これから相続を迎える今の段階で、とにかく税金を納めなければならないのか、納めるとすれば相続税の総額はいくらで、その相続税を納めるだけの現金があるかどうか知りたいと思う方も多いと思います。

その場合には、

①本章第1節で行う課税価格の計算を各人毎に行わず、第1章で行った財産の評価額の総額をベースに課税価格の合計額を計算し、

②その課税価格の合計額から基礎控除額を差し引いた課税遺産総額がプラスかどうかを確認し（マイナスであれば、納める相続税の金額はありません）、

③プラスであれば、その課税遺産総額を法定相続分で分割して相続税の総額を計算し、

④果たしてその相続税額を納めるだけの現預金が相続財産にあるかどうか、それぞれの相続人にどのように財産を分割すれば、その後の生活や税金の納付に支障がないかを確認する。

以上の手順で、相続税額の計算をしてみてください。

相続家の例でいえば、

15,500万円（財産評価額の合計） − 8,000万円（小規模宅地の特例） + 1,000万円（生命保険金） − 1,000万円（生命保険金の非課税） − 200万円（葬儀費用） + 2,000万円（相続時精算課税適用財産） + 500万円（3年以内の贈与の金額） = 9,800万円（課税価格の合計額）

となりますから、この9,800万円からスタートし、第2節の基礎控除額の計算、第3節の税額の計算を行い、相続税の総額が600万円になることを確認したうえで、相続人全員にとって最もよい分割の方法を考えるという手順をふみます。また、小規模宅地の特例の適用を受けない場合との税額の比較を行う場合には、もちろん小規模宅地の特例の部分（相続家の場合であれば8,000万円）を差し引かない状態で、税額を計算してみます。

第5節 相続税の計算プロセスからみる節税のヒント

ここまで、相続税の税額計算の流れを説明してきました。ここからは、税額計算という視点から見て考えられる節税対策をご紹介します。

1. 小規模宅地の特例を受ける準備をする

家族全員で相続について話し合った翌朝、愛犬と共に散歩に出かけた一郎さん、さぞや晴れ晴れとした気分でいるのだろうと思いきや、なぜかそうでもないようで、物思いにふけっている様子です。

それというのも一郎さんは、一郎さんが亡くなった後に花子さんが亡くなった時の相続が気がかりになってきたのです。

一郎さんが亡くなった時には、太郎さんも良子さんも相続する預貯金などの金融資産から相続税を納付することができるでしょう。また、自宅も含めて一郎さんの財産の大半は、そっくりそのまま家族に引き継げます。しかし次に花子さんが亡くなった時はどうでしょうか。

今のままでは、太郎さんも良子さんも小規模宅地の特例を受けることができないことは、先に解説したとおりです。財産評価額が1億円相当の自宅敷地、路線価が上昇すれば将来それ以上の価値を持つことになるかもしれません。花子さんは（いくらかのたくわえがある）と言っていましたが、およそ納税資金に足りる金額を持っているとは思えません。なので、どうしたものかと一郎さんは考えあぐねているのです。

本章第1節の課税価格の計算のところでも紹介したとおり、自宅の敷地が相続財産の大半を占めがちなサラリーマン家庭にとって、税額を大きく左右する小規模宅地の特例の適用を受けられるようにすることは、重要な課題です。

小規模宅地の特例は、配偶者であれば無条件で適用されます。ですから最初の相続（夫婦のうちどちらかが亡くなった時の相続）では、難なくクリアできるのです。問題は、残された配偶者が亡くなり、相続人が子どもだけとなった2回目の相続（二次相続）です。おさらいになりますが、

被相続人が住んでいた自宅の敷地について、相続人である子供が小規模宅地の特例を受けるためには、

①その配偶者と同居していたか、

②同居親族がいない場合には、その被相続人が亡くなる3年以内に、国内に自分または自身の配偶者の所有する家屋に居住したことがない、

という要件をクリアしなければなりません。

相続家のケースで考えてみましょう。現在の居住形態を続けた場合、花子さんが亡くなった時に、太郎さんは小規模宅地の特例の適用を受けられるでしょうか。別棟に住んでいる太郎さんは、①の同居という要件を満たしていませんから、適用を受けられません。良子さんもご主人の持ち家に住んでいますから、②の要件に該当せず受けることができません。

それでは相続家の場合、どのようにすればこの制度の適用を受けられるようになるのでしょうか。まず、敷地の使用状況や家族の生活の状況によって、いくつかの選択肢が考えられます。たとえば、花子さんが住んでいる家屋が老朽化しているのであれば取り壊し、太郎さんの家を増築して同居することも、検討の余地があります。増築をするときに二世帯住宅としてもよいでしょう。ただ二世帯住宅の場合に、共有ではなく、たとえば1階は花子さん、2階は太郎さんというように「**区分所有登記**」をしてしまうと、特例が受けられなくなってしまいますから、要注意です。

敷地の使用状況や生活の状況は、家庭によって異なります。将来の相続を考え、専門家のアド

バイスを聞きながら、事前にこの特例の適用を受けられる体制づくりをしておくことをお勧めします。

太郎さんが花子さんの相続が発生するまでの間に、小規模宅地の特例の適用を受けられる状況を作ることができたら、相続家の二次相続における納税の負担は大幅に低減します。花子さんが仮に1，000万円の預貯金を持っているとしても、課税遺産総額が基礎控除額（3，000万円+600万円×2人）に収まる可能性が十分にあります。

（太郎に話しておくかな……）一つ深呼吸をする一郎さんなのでした。

2．生命保険契約を利用した節税

引き続き、相続一郎さんの例を使って、税額計算の点から考えられる相続対策を検討していきます。

非課税枠がある生命保険金は、相続税の節税のためにおおいに活用できることはすでに解説したとおりです。

良子さんは1，000万円を保険金として受け取ることになりますが、もしこの金額を預貯金として受け取っていたとしたらどうでしょう。この分についてまるまる相続税が課税されることになり、相続家の相続で適用される税率をベースに考えると、100万円以上納税の負担が増えることになります。生命保険契約に加入していたのは賢明といえます。

サラリーマン家庭の相続の場合、基礎控除額近辺の相続が多いのも事実です。余剰資金があるのであれば、生命保険契約を使った相続税対策を考えてみてください。生命保険金は加入時期が早いほど低い掛金で加入することができますから、資産価値を高める効果もあります。

ところで相続一郎さんの場合には、生命保険金の非課税枠が1，500万円ありました。一郎さんが今後株式投資から大きな利益を得ることがあれば、死亡時に保険金が下りる生命保険契約を500万円追加して加入するとよいでしょう。

3．養子をとれば節税になる？ 孫養子には要注意

相続税の計算をするとき、①基礎控除額、②生命保険金の非課税限度額、③死亡退職金の非課税限度額、④相続税の総額の計算には、法定相続人の数を使います。したがって、被相続人が生前に養子をとり、法定相続人の数を増やせば、おのずと節税効果が期待できます。

しかし養子をつかって制限なく法定相続人の数を増やすことができるかといえば、そうではありません。養子をつかった節税を制限するために、相続税では養子の数を次のように制限しています。

①被相続人に実の子供がいる場合………養子は1人に限られます
②被相続人に実の子供がいない場合……養子は2人に限られます

相続一郎さんの場合はどうでしょう。もし一郎さんが太郎さんの子供（一郎さんの孫）のうちの1人を自分の養子としたら、一郎さんから息子の太郎さんに相続された財産は、いずれお孫さんに相続されるわけですから、太郎さんを飛び越えて（世代を飛ばして）相続することができ、相

続税を1回分節約できることになります。

相続税では、このような「**世代飛ばし**」を防止する意味から、養子にした孫が相続した財産については**相続税の負担を2割増し**（「**相続税の2割加算**」といいます）にするという規定を設けています。

また、ほとんどの場合、お孫さんはお父様の姓になっているでしょうから、お母様方の祖父母の養子となると、苗字が変わります。養子縁組はお孫さんの意思の確認も含め、慎重に行う必要があります。

4．配偶者の税額軽減の活用

相続税にはいくつかの税額控除がありますが、遺産分割の検討の際に判断が必要となるのは、配偶者の税額軽減です。というのも、その配偶者が亡くなったときの相続までを考えると、最初の相続で配偶者にどの程度の財産を相続させるかによって、配偶者の税額軽減を適用することが、最終的に損になる場合もあるからです。相続一郎さんの例をとって考えてみましょう。

配偶者の税額軽減を受けて得になる場合

相続家の3人の相続人の課税価額と税額は次のようでした。

相続人	課税価格	税額

花子【妻】	2,800万円	171万4,200円
太郎【息子】	5,000万円	306万1,200円
良子【娘】	2,000万円	122万4,400円
合　計	9,800万円	599万9,800円

相続家の場合、花子さんに配偶者の税額軽減を適用すると、花子さんの税額は0円となり、一家が納付する相続税の合計額は、太郎さんと良子さんの税額の合計である428万5,600円（良子さんの贈与税精算前）になります。

仮に一郎さんが亡くなって間もなく花子さんが亡くなるとして、

①花子さんが一郎さんから相続した財産（3,000万円：葬儀費用控除前）以外に1,000万円の預貯金があり、

②一郎さんから相続した財産をそっくりそのまま2人の子供に相続させ、

③太郎さんが自宅の敷地について小規模宅地の特例を受けられるとするのならば、

花子さんの相続の時には、課税価格の合計額（3,000万円＋1,000万円＝4,000万円）は基礎控除額（太郎さんと良子さんが相続人ですから、3,000万円＋600万円×2＝4,200万円）以下ですから、納税は生じません。したがって、最初の相続と二次相続をあわせた税額の合計は428万5,600円です。一郎さんの相続で、花子さんが自宅と家財、車を相続する場合は、配偶者の税額軽減を受けるほうが得になります。

配偶者の税額軽減を受けて損になる場合

配偶者の税額軽減のことを知った息子の太郎さんは、あることに気づきました。一郎さんの相続で、花子さんが一郎さんの財産をすべて相続しても、配偶者の税額軽減が受けられるということです。すでに太郎さんと良子さんが受け取った相続時精算課税の対象である2，000万円と、3年以内の贈与の500万円を除く課税価格の合計額は7，300万円です。全額について、配偶者の税額軽減を適用できます。その結果、一郎さんの相続で実際に納めるべき相続税の合計額は、

花子さん　6000万円×7，300万円／9，800万円＝446万9，300円　⇩　0円
太郎さん　6000万円×2，000万円／9，800万円＝112万4，400円
良子さん　6000万円×　500万円／9，800万円＝　30万6，100円（贈与税額控除前）

合計　143万　500円

になり、先ほどより得になります。両親の財産を相続するのは今でなくてもよいし、とりあえず出ていくお金が少ないほうがよいではないかと、太郎さんは考えたのです。

しかし二次相続まで考えると、この案は賢明とはいえません。花子さんが相続によって取得した現預金などに手を付けずに、一郎さんから相続した財産（7，500万円：葬儀費用控除前）と花子さん自身が貯めた預貯金の1，000万円を、太郎さんと良子さんに遺したとします。すると

二次相続において納める相続税の総額は次のように計算されます。

7,500万円＋1,000万円（課税価格の合計額）－4,200万円（基礎控除額）
＝4,300万円（課税遺産総額）

＊葬儀費用控除前の相続財産の額

太郎さんと良子さんの法定相続分はそれぞれ１／２ですから、相続税の総額は、

4,300万円×1／2×15％－50万円＝272万5,000円、272万5,000円×2＝545万円

最初の相続と二次相続を併せた税額は１４３万５００円＋５４５万円＝６８８万５００円、先ほどのケースの税額（４２８万５,６００円）と比べると、トータルの税額が２００万円以上多くなります

最終的に太郎さんと良子さんに同じ財産が相続されるにも関わらず、なぜこのような違いが出るのでしょうか。

それは、①二次相続の時には相続人の数が減るために、基礎控除額が少なくなり、相続税の総額の計算上も不利になること、②配偶者自身の財産があると二次相続の課税価格が大きくなるこ

と、によります。

したがって、最初の相続において配偶者にどの程度の財産を相続させるかは、配偶者の手持ちの財産、次の相続までの予想年数などを考慮して、慎重に決定しなければなりません。

5. 相続税額の計算から見た贈与の活用

相続税の総額の計算のところで、相続税率は超過累進税率を採用しており、一定額を超えた部分についてさらに高い税率が適用されることをご紹介しました。このことを踏まえて、どのように暦年贈与（普通の贈与）を計画すればよいか考えてみましょう。

贈与税も相続税と同じように超過累進税率を採用しています。贈与税の速算表は118ページのとおりです。

生前に贈与することで、亡くなった時の財産を減らすことができます。では、どのような方法で贈与するのがよいのでしょうか。

相続一郎さんの例を見てみましょう。相続一郎さんの相続では、

花子さん　2，500万円（法定相続分）

　1，000万円×10％＝100万円

　1，500万円×15％＝225万円　　　325万円

太郎さん・良子さん　1，250万円（法定相続分）

1,000万円×10％＝100万円
250万円×15％＝37万5,000円　137万5,000円×2＝275万円

相続税の総額　　600万円

となっていました。

このように相続家の相続では、15％の税率で相続税が課税される部分が、1,500万円＋250万円×2＝2,000万円あります。したがって、この部分について、15％よりも低い「**実行税率**」（税額÷贈与額）で贈与することができれば、節税になります。

仮に今後、一郎さんが太郎さんと良子さんの2人に、500万円ずつ2年間贈与をするとします。贈与税は500万円につき485,000円。この場合、贈与税の実行税率は48・5万円÷500万円＝9・7％です。トータルの税額で考えると、相続税が2,000万円×15％＝300万円であるのに対し、贈与税は2,000万円×9・7％＝194万円ですから、106万円の節税になります。

相続税率が10％の部分についても、考え方は同じです。長い時間をかければ、110万円の非課税枠内で贈与を行うなど、財産を少しずつ贈与できますから、より高い節税効果が期待できます。暦年贈与は少しずつお金を動かす、地味な方法です。しかし効果は確実ですので、ぜひ検討したい節税策です。

平成 27 年 1 月 1 日以後の贈与

<table>
<tr><th colspan="3">右記以外の贈与</th><th colspan="3">20 歳以上で直系尊属からの贈与</th></tr>
<tr><th>基礎控除後の
課税価格</th><th>税率</th><th>控除額</th><th>基礎控除後の
課税価格</th><th>税率</th><th>控除額</th></tr>
<tr><td>200 万円以下</td><td>10%</td><td>－</td><td rowspan="2">200 万円以下</td><td rowspan="2">10%</td><td rowspan="2">－</td></tr>
<tr><td>300 万円以下</td><td>15%</td><td>10 万円</td></tr>
<tr><td>400 万円以下</td><td>20%</td><td>25 万円</td><td>400 万円以下</td><td>15%</td><td>10 万円</td></tr>
<tr><td>600 万円以下</td><td>30%</td><td>65 万円</td><td>600 万円以下</td><td>20%</td><td>30 万円</td></tr>
<tr><td>1,000 万円以下</td><td>40%</td><td>125 万円</td><td>1,000 万円以下</td><td>30%</td><td>90 万円</td></tr>
<tr><td>1,500 万円以下</td><td>45%</td><td>175 万円</td><td>1,500 万円以下</td><td>40%</td><td>190 万円</td></tr>
<tr><td>3,000 万円以下</td><td>50%</td><td>250 万円</td><td>3,000 万円以下</td><td>45%</td><td>265 万円</td></tr>
<tr><td rowspan="2">3,000 万円超</td><td rowspan="2">55%</td><td rowspan="2">400 万円</td><td>4,500 万円以下</td><td>50%</td><td>415 万円</td></tr>
<tr><td>4,500 万円超</td><td>55%</td><td>640 万円</td></tr>
</table>

＊基礎控除額は、110 万円です。

＊＊直系尊属とは、父母、祖父母などをさします。

6．相続人以外への贈与の活用

課税価格の計算のところでお話ししたとおり、被相続人が亡くなった日からさかのぼって3年以内の贈与は、相続財産へもち戻されます。一郎さんがこれから贈与をする時にも、その点には留意しなければなりません。しかし3年以内の贈与は効果がないかというと、そうではありません。もち戻しが行われるのは「相続又は遺贈により財産を取得した者に対する贈与」です。お孫さんなど相続人以外の方で、その方が遺贈により財産を取得しない場合には、亡くなる前3年以内の贈与であっても、もち戻しをする必要はありません。

ですから亡くなる直前まで、相続人および受遺者の方以外への贈与は有効に活用できます。その際にも「高い相続税率で課税される部分の財産を、その相続税率よりも低い実効税率の贈与税率で贈与する」ことを意識するとよいでしょう。

この章では、相続税の計算の流れと、相続税の計算という点から節税の可能性について検討しました。

最後に、相続税の計算の流れの表（121ページ）を掲載します。みなさんもこの表を使って、ご自分の家庭の相続税の額を計算してみて下さい。次の章では、この表に遺産分割と相続人同士の人間関係という要素を加えて、みなさんの相続のリスクを診断します。

愛犬の散歩を続ける相続一郎さん、ふとまた、ある問題に気付いてしまいました。それは娘の良子さんの相続分のことです。花子さんが亡くなった時に、太郎さんが自宅の家屋と敷地を相続するとしたら、良子さんには何を遺してあげればよいのでしょうか。太郎さんは1億円相当の宅地を相続するのです。たとえ良子さんが持っているという現預金を良子さんに相続させるにせよ、あまりにもつり合いが取れません。いくら良子さんが奥ゆかしいといっても、何も主張せずに黙っているとは考えられませんし、そもそも一郎さんとて、それではあまりに不公平と思うのです。（いざ相続となるといろいろ考えることがあるんだなぁ……）、家長としての責任の重さをずしりと感じる一郎さんの足元で、リードにつながれた愛犬が、何を探しているのか、くんくんと草むらを嗅ぎまわっています。どうやら一郎さんにも、第4章を読んでいただく必要がありそうです。

1．それぞれの相続人の課税価格の計算

	①	②	③	④
相続により取得した財産の価額				
みなし相続財産の価額				
非課税財産の価額	△	△	△	△
相続時精算課税に係る贈与財産の価額				
債務及び葬式費用の額	△	△	△	△
相続開始前３年以内の贈与財産の価額				
各人の課税価格				

2．課税遺産総額の計算

①	②	③	④	課税価格の合計額
基礎控除額　3,000万円＋600万円×（　　）人＝　　　　万円				
課税遺産総額　　　　万円				

3．法定相続分による分割

①課税遺産総額×　　／　　＝

②課税遺産総額×　　／　　＝

③課税遺産総額×　　／　　＝

④課税遺産総額×　　／　　＝

4．相続税の総額の計算（法定相続分×相続税率）

①

②

③

④

（相続税の総額）

5．実際に納める相続税の額（相続税の総額×各人の課税価格／課税価格の合計額）

①

②

③

④

6．各種控除の計算

配偶者の税額軽減

贈与税額控除

その他

コラム5 リバースモーゲージの利用

テレビや新聞で、リバースモーゲージの宣伝を見かけることがあります。

老後に収入がなくなっても、所有する自宅を担保にして、毎年金融機関からお金を借りて生活費に充当でき、亡くなった時に自宅を売却して債務を返済すればよいというものです。まるで、老後の生活に安心をもたらすバラ色の融資みたいに金融機関は宣伝しています。

担保である土地などの不動産については、融資をする銀行が定期的に担保価値を見直します。つまり地価の下落などによって担保割れが生じた場合には、融資を打ち切られる可能性があるということです。実際には、そうならないように、融資限度額は担保不動産の評価額に対して数割程度低く抑えられています。また融資を受けるのですから金利負担も発生します。そして、担保不動産の売却をするのは相続人です。被相続人の不動産と金融機関の債務を引き継ぎ、相続税を納付して、担保不動産は売却、譲渡所得税と地方税の納付も行ってリバースモーゲージを返済する。相続人の手元にいくらのお金が残るのでしょう?

結果的に相続財産も残らず相続人に手間をかけるだけならば、生前に不動産を売却して廉価な物件に引っ越し、手元に残った余剰資金で生活をするという可能性も検討すべきです。亡くなるまでの資金計画という広い視点から、税理士等の専門家に相談し、慎重に検討することをお勧めします。

第4章

相続リスク診断

▼サラリーマン家庭の相続リスクとは

この章では、財産評価と税額計算をもとに、みなさんの家庭の相続リスクを診断します。リスクを診断する要素は、

①相続する金融財産または手元の資金で納税ができるか、

②相続する財産に金融財産があり遺産分割が可能か、

③相続人の間に争いはないか、

の3点です。

税理士としてお客様の相談に応じていると、実にさまざまな問題を伺います。私たちが十人十色であるように、相続する人される人の悩みも十人十色です。それぞれの問題を解決するためには、それぞれの方にお会いするのがベストなのは間違いありません。しかし、本書で相続の悩みを類型化し、それぞれの問題点と解決策を解説することにより、たとえば星占いを読んで問題解決のヒントを得られるように、相続の問題を解決する糸口も掴めるでしょう。そのような考えから、上記の3つの要素をもとに相続を8つのリスク度に分類し、それぞれのリスクの内容と対応策を紹介しています。

ではなぜ、サラリーマン家庭に代表される一般的な相続において、納税資金、分割、相続人の間の争いの有無が重要な要素になるのでしょうか。

サラリーマン家庭が相続する財産は、自宅家屋とその敷地という不動産、預貯金を中心とした金融資産です。相続する財産が事業（会社株式）や賃貸物件である経営者や不動産オーナーであ

れば、事業や物件の相続によって納税資金を生み出すこともできるでしょう。しかし、自宅や預貯金は納税資金を生み出すことができません。したがって、相続する財産や現在のたくわえで相続税の納税ができるかどうかが重要になります。

相続財産の分割は、納税の有無にかかわらず、相続が起これば行わなければなりません。この時、分割できる財産であればよいのですが、自宅のように容易に分割できないものであると、処分や**代償分割**（相続リスク度30％を参照）といった新たな問題が生じます。特に、事業の後継ぎが決まっている会社オーナーの相続とは異なり、サラリーマン家庭では、被相続人に対する立場が似通った相続人が遺産分割を行いますので、平等な分割にこだわる傾向にあり、問題が生じやすくなります。最後に、相続人同士の争いは、相続の手続き自体を滞らせます。本来迅速に行うべき分割と納税ができないばかりか、相続税上のいろいろな特典を受けられないなど、経済的に不利益な状況を招きます。

▼この章の読み方

このリスク診断はあらゆる悩みに全面的に応えるものではありません。しかし必ず、何かしらの「気づき」は得られるはずです。また、現在の自分を取り巻く状況が該当しなかったリスク度の内容からも、ヒントが得られるはずです。特に、自分のリスク度より低いリスク度の内容は、みなさんが今ある問題を解決した後に新たに生じるだろう課題について解説しています。また、争いが何気ない感情のもつれから生じることを考えれば、相続人同士の関係によって分かれるリスク度の内容は、現在の状況と表裏一体の関係にあります。時間があるときに、ぜひ読んでください。なお、それぞれの相続リスク度に関係する主な課題を、アイコンで示しています。同じ内容を他の相続リスク度の解説でも扱っている場合には、その内容も参考にしてください。

相続リスク度一覧

相続人の数	争いの有無	相続税	分割	リスク度
1人		納付できる		10%
1人		納付できない		40%
複数	ない	納付できる	財産のなかに金融資産があり遺産分割が可能である	20%
複数	ない	納付できる	分割できない財産である	30%
複数	ない	納付できない	分割できない財産である	50%
複数	ある	納付できる	財産のなかに金融資産があり遺産分割は可能	70%
複数	ある	納付できる	分割できない財産でありその処分に合意できない	80%
複数	ある	納付できない	分割できない財産でありその処分に合意できない	90%

不動産の処分　平等な分割　共有　延納・物納　分筆　代償分割　連帯納付義務　寄与分　同居相続人

上記のアイコンは、それぞれのリスク度でクリアすべき課題です。同じ課題が複数のリスク度で重複している場合もあります。自分のリスク度に表示されているアイコンが他のリスク度にも表示されているときには、そのリスク度の解説も併せて読むことをお勧めします。

相続リスク度 10％

◆相続人は1人、相続税を納付できる

不動産の処分

相続人が1人であれば、もめ事も起こるはずがありません。また、相続財産の中に、相続税を納付するに足りる十分な現金や即時換金性のある金融資産があるなど、納税資金に苦慮する必要がなければ、相続税の納付も滞りなく行えます。したがって、このような方々の相続リスクは、ゼロです。

しかし、①相続をした自宅の活用や売却という課題が残る可能性があることと、②相続税対策を行う余地が全くないわけではない、以上のことから、相続リスクをあえて10％としています。

たとえば次のような場合を考えてみましょう。

「安心光子さんはこのたび、87歳で亡くなりました。光子さんはご主人を20年以上も前に亡くしていますが、自分も長年書道の先生として自立し、溌剌とした生活を送っていました。ですから、自宅はもとより、ご主人が退職したときに会社から受け取った退職金も、ほとんど手つかず

のまま残りました。

光子さんの相続人は、一人娘の晴子さん（55歳）だけです。晴子さんは近所にあるご主人所有のマンションに、ご主人の弘さん（56歳）と一人息子の大学生の浩太君（20歳）と仲よく住んでいます」

光子さんの残された財産の財産評価額は以下のとおりでした。

自宅家屋	100万円
自宅敷地（180㎡）	7,500万円
現預金	3,000万円

晴子さんが納付すべき相続税額は、1,400万円と算出されました。

相続後の対応策

▼相続をした自宅の活用や売却

みなさんの中にも、親が残した実家をどのように活用しようか悩む方は多いのではないでしょうか。残された実家の行く末は、概ね、①自分で使う、②人に貸す、③売却する、の3つに分けられます。

①自分で使う

「今住んでいるマンションよりも、お母さんの家のほうが断然広いし日当たりもいい。お母さんの家に引っ越すのはどうかしら」と晴子さんは考えました。

それも一案でしょう。しかしその場合、今住んでいるマンションをどうするか、という新たな課題が生まれます。

住むにしろ、ほかの目的で使うにしろ、家を2軒持つということは、それなりにコストがかかることです。維持できるだけの経済力があるのか、家族で相談する必要があるでしょう。

②賃貸をする

「それでは、お母さんの家かマンションのどちらかを、誰かに貸せばいいわ」晴子さんは、賃貸という選択肢を思いつきました。

不動産を賃貸すれば賃料が入ってくるのですから、これまではなかった収入を得ることができます。浩太君もまだ大学生、就職だって大変な今日この頃です。時たま、「大学院に行こうかな……」なんて弘さんに相談しています。賃貸収入があれば、家計もおおいに助かるというものです。

しかし、不動産の賃貸は、それなりにストレスがあることだという点は、覚悟しておきましょう。空室になる可能性、修繕コスト、運が悪ければ賃料の滞納といった問題まで生じるかもしれません。管理会社にお願いしても、賃貸にはこうした問題がついて回ります。

使わない不動産物件の賃貸は、新たな収入源になりますから魅力的です。しかしどのような方法にせよ、収入を獲得するには、それなりのストレスがあるのです。それは不動産賃貸でも変わりません。近隣の賃貸市場に関する情報を集め、収支計画をたて、どの程度の利益が見込めるのかを見極めたうえで、決定することをお勧めします。

不動産物件の賃貸から収入を得れば、確定申告をしなければなりません。また、晴子さんの所得額によっては、弘さんの毎年の所得について、配偶者控除が受けられなくなることにも、留意しましょう。

③売却する

「ああもう、面倒くさい。やっぱり実家は売ってしまうのが一番だわ」

お嫁に行くまでは自分も住んだ家。それなりに思い入れはあるのですが、どうやら維持していくのは自分には荷が重い。ならば売却してしまおう、と晴子さんは決意しました。

相続した実家、特に実家が遠方にある場合は管理するのも手間がかかりますから、売却を考える方は多いのです。そこで、実際に買い手がつくかはさておき、相続した実家を売却した時の税金についてお話ししていきます。

▼譲渡に対する税金の計算方法

相続した土地や家屋を売却（「**譲渡**」といいます）すると、その譲渡について所得税や住民税が

課税されます。これらの税金の額は、

〔売却代金 − （取得費＋譲渡にかかった費用）〕 × 税率

という計算式により算出することができます。

所得税の税率は、売却した年の1月1日に所有期間が5年を超えるもの（「**長期譲渡所得**」といいます）ならば売却利益に対して15％、5年以下のもの（「**短期譲渡所得**」といいます）ならば30％と決められています。相続の場合の所有期間は、亡くなった方（被相続人）が取得した日から計算することとなっていますから、ほとんどの場合15％の税率が適用されます。

さらに土地や建物の譲渡をすると、所得税のほかに長期譲渡所得であれば5％、短期譲渡所得であれば9％の税率で住民税が課税されます。また、平成49年分までの所得税については、東日本大震災からの復興の施策として、本来の所得税率（「**基準所得税率**」といいます）に対して2・1％の率で税額が加算されます。基準所得税率が15％の長期譲渡所得の場合、15％×2・1％は0・315％ですから、これらを足し合わせると、相続した実家の譲渡には、合計20・315％の税率で税金が課される、すなわち売却して手元に残ったお金のうち、2割強を税金として納付しなければならないことになります。

▼取得費

譲渡に関する税金の計算式の中に、「**取得費**」というのがあります。取得費とは、「その財産を買った時に払ったお金」のことです。

土地や建物の取得費には、購入代金はもとより購入手数料や登記費用・不動産取得税、さらには購入後に土地や建物の改良などに費やした費用を加えることができます。ただし建物の場合は使用によって価値が減っていきますから、一定の計算式によって価値の目減り分（「**減価の額**」といいます）を差引いて取得費を計算しなければなりません。

「何十年も前に両親が土地を買って家を建てた時にいくら払ったか……、そんなのわからないわ。では、実家の売却はできないの？」晴子さんは困ってしまいました。

そんなことはありません。土地や建物の場合、取得費が不明な場合や、実際の取得費が売却した値段の5％よりも少ない場合は、その値段の5％を取得費として（「**概算取得費**」といいます）税額の計算をすることができます。

また、相続により取得した土地や建物を、被相続人が死亡した日の翌日から相続税の申告期限の翌日以後3年以内に譲渡した場合には、「**相続税の取得費加算**」といって、一定の計算式により、納付した相続税額のうち譲渡した土地や建物に相当する金額を、取得費に加算することができます。

いずれにせよ、古い建物や土地を売却する場合、5％の概算取得費を採用するのが得か、他の方法で取得費を算出することが可能なのか、加算できる相続税額はいくらになるかなど、複雑な計算が必要ですし、譲渡をしたら所得税の確定申告が必要です。相続により取得した実家を譲渡しようと考えたら、まず、税理士に相談することをお勧めします。

最後に、相続のみならず、自宅の譲渡ということで考えた場合、売却時に取得費をきちんと計算して余分な所得税の納付を抑える意味で、購入時からの、自宅について支出した金額の記録をきちんと保管しておくことをお勧めします。

相続前の対策

では、光子さんの生前、晴子さんはどのような相続対策を検討することができたのでしょうか。

▼小規模宅地の特例の適用

晴子さんは、ご主人の所有するマンションに住んでいます。第3章で紹介したとおり、被相続人の配偶者以外の相続人が小規模宅地の特例の適用を受けるには、①被相続人と同居していた、または、②同居親族がいない場合には被相続人が亡くなる3年以内に、国内に自分の、または、自身の配偶者の所有する家屋に居住したこともない、という要件をクリアしなければなりません。光子さんが亡くなった時点で弘さんの所有するマンションに居住していた晴子さんは、①、②の要件に該当せず、小規模宅地の特例を受けることはできません。

光子さんと晴子さん家族との関係や生活環境にもよりますが、相続税の対策だけを考えれば、晴子さん家族は光子さんと同居することを検討すべきであったでしょう。もちろん、弘さんのマンションを売却して、3年以上の間貸家に住むという方法も考えられますが、あまり現実的ではないでしょう。

ところでこのような話をすると、「わかりました。住民票を移します」という方がいますが、これは誤りです。小規模宅地の特例を受けるためには、形式のみならず、同居しているという「実態」が必要です。晴子さんのケースでいえば、晴子さんの家族全員が、ある程度の期間光子さんと同居することが、特例適用の要件になります。また、相続後に自宅を処分するにせよ、処分は必ず相続税の申告期限後に行わなければなりません。

▼保険契約の加入

光子さんの場合、死亡時に保険金が支払われる生命保険契約が一切されていませんでした。第3章で紹介したとおり、生命保険金は法定相続人一人当たり500万円が非課税です。光子さんが手持ちの現預金から保険料を支払い、光子さんが死亡した時の保険金の受取人を晴子さんとする生命保険契約に加入することにより、きわめて簡単に相続税の節税ができたはずです。

▼孫養子の可能性

第3章でご紹介したように養子縁組を行い、一人息子の浩太君を光子さんの養子として迎えれば、法定相続人の数を1人増やすことができます。近年の相続は相続人も高齢化していますから、親からの相続を終えたらば、間もなく自分から子供への相続を考えなければならないのが実情です。世代を一つ飛ばして相続を行うためには、孫養子をとることも一考の価値があるでしょう。

しかし、母方のおばあ様と養子縁組をすれば浩太君の苗字が変わりますし、養子縁組をしたことが戸籍に残ります。相続税対策には確かに有効だけれど、税金のためにそこまでするのは抵抗があると思われる方が多いのも事実です。養子となる方の意思をしっかりと確認するなど、慎重に行うことをお勧めします。

仮に、小規模宅地の特例の適用、保険契約の加入、養子縁組の対策をすべて実行した場合、安心光子さんの相続による相続税の計算は次のようになります。

自宅家屋	100万円
自宅敷地（180㎡）	1,500万円（小規模宅地の特例適用後）
保険契約	1,000万円（晴子さんと浩太君が法定相続人）
保険金の非課税	△1,000万円
現預金	2,000万円
各人の課税価格	晴子さん1／2　1,800万円
	浩太君　1／2　1,800万円
課税価格の合計額	3,600万円
基礎控除額	4,200万円
	（3,000万円＋600万円×2人）

このケースでは、課税価格の合計額は基礎控除額以下ですから、相続税の納付は生じません。

相続税対策は、生命保険契約のように比較的簡単にできてしまうものから、小規模宅地の特例のように時間とエネルギーが必要なもの、さらには養子縁組のように家族の価値観にまでかかわるものまで様々です。何をどこまでするのか、節税できる相続税の額や納税資金の問題を考慮しながら、家族で話し合い検討することをお勧めします。

相続リスク度 20%

◆相続人は複数、相続に争いがない
◆相続税を納付できる
◆財産の中に充分な金融資産があり、遺産分割が可能

不動産の処分

平等な分割

相続人が複数になると、「相続財産の分割」という問題が生じます。しかし、相続する財産に、自宅と自宅敷地のみならず、分割にあてるだけの充分な額の金融資産が含まれており、しかも相続人同士の関係が良好であれば、遺産分割協議自体に問題はないはずです。また、相続人たちが、相続する金融資産（あるいは、自分のたくわえ）で相続税を納付できるのなら、納税に苦慮することもありません。総合的にみて、相続リスクはほぼないはずです。

1つだけ問題があるとすれば、サラリーマン家庭の相続の場合、兄弟間で平等に分割することを希望する方が多いことです。勿論財産を平等に分けることは、法定相続分の考え方と一致するので、正しいことなのですが、実際に財産を平等に分割するのは、いうほどに簡単ではありません。それでもなお平等な分割に固執しすぎると、相続人の間で遺産分割協議がまとまらなくなっ

たり、まとまったとしても、遺恨を残すことになりかねません。その意味で、あえて相続リスクを20%としています。

相続後の対応策

▼遺産分割協議

第1章で紹介したように、被相続人が亡くなると、相続人同士で遺産分割協議を行い、どの相続人が被相続人のどの財産を相続するかを決定します。この協議は財産の移転登記をするために必要であり、相続税の納税額の有無に関わらず、相続が発生したら行わなければいけません。ただし、被相続人が遺言を残している場合には、原則として、その遺言に則って財産を分割します。

▼平等な遺産分割

相続人の間で遺産分割協議さえ整えば、財産は法定相続分にこだわることなく、どのように分割してもよいのです。しかし、事業の承継者が明らかである会社オーナーなどの相続と異なり、サラリーマン家庭では、被相続人と各相続人（配偶者を除く）との関係に大差がなく、被相続人の財産を平等に分けたいと希望するケースが多いようです。また、争いを避けるために、平等な分割を求めることが多いようにも見受けられます。

では、次の例をもとに、平等な分割について検討してみましょう。

「福富雄介さん（80歳）が亡くなり、遺された財産の評価額は次のようになりました。

自宅家屋　　　　200万円
自宅敷地　　4,000万円
預貯金　　　5,200万円

＊自宅敷地の売却時価は5,000万円、小規模宅地の特例適用後は800万円です。相続人は、福富修さん（55歳）と福富久男さん（53歳）の2人です。

①不動産と預貯金の価値は平等ではない

みなさんは、仮に修さんが売却時価5,200万円相当の家屋と自宅敷地を相続し、久男さんが預貯金5,200万円を相続するとなった場合、平等な分割と感じるでしょうか。たぶん、なんとなく平等ではないと思われるでしょう。

売却時価を目安として遺産分割協議が行われることがあります。売却時価を基準にした場合、修さんが家屋と宅地を、久男さんが現預金を相続しても、平等な分割になります。しかし、相続した不動産は登記をするための費用がかかり、宅地の価格は変動しますし、所有し続けるにも固定資産税などの維持費がかかります。売却となれば譲渡について所得税・住民税が課税されます。財産の質の点では、土地は金融資産ほどの安定性や流動性がないのです。

したがって、この場合、あくまでも平等な分割を希望するのであれば、家屋と自宅敷地を1／2ずつ共有し、預貯金も1／2ずつ分けることです。しかし、リスク度30％のところで説明しますが、共有はその後の処分や相続の際に問題となることがあります。共有で相続するのであれば、譲渡を前提として行うべきです。

②不動産の価値評価

前述のとおり、一方の相続人が家屋や自宅敷地を取得し、もう一方の相続人が預貯金を取得する場合に、売却時価を目安として分割したのでは、平等な分割にはなりません。また、いずれかの相続人が土地や家屋の相続を希望する時は、その物件について愛着を抱いているなど、そもそも相続取得後の売却を前提にしていないことが多々あります。売却を前提としないものについて、売却時価を目安として遺産分割を行うことは、合理性に欠けます。

そこで、不動産については、財産評価額を用いて遺産分割協議を行うことがあります。福富さんの場合であれば、家屋と自宅敷地の価値を4,200万円とし、修さんには家屋と自宅敷地に加えて預貯金のうち500万円を相続させ、残りの4,700万円の預貯金を久男さんに相続させるのです。これによって、少し平等な分割に近づきます。しかし、財産の質の面での差を、完全に解消することはできません。

この場合、2人の相続税の額は、次の計算式により、それぞれ340万円になります。

（財産評価額）

家屋　200万円

自宅敷地　4,000万円
預貯金　5,200万円
課税価格の合計額　9,400万円
基礎控除額　3,000万円+600万円×2=4,200万円
課税遺産総額　9,400万円−4,200万円=5,200万円
相続税の総額　(2,600万円×15%−50万円)×2=680万円
＊5,200万円／2=2,600万円

(各人が納付する相続税の額)
修さん　680万円×4,700万円／9,400万円=340万円
久男さん　680万円×4,700万円／9,400万円=340万円

③居住する宅地をどう評価するか

ところで、修さんがこの自宅に被相続人とともに居住していたなど、小規模宅地の特例を受けられる状況であったとしましょう。

小規模宅地の特例は、相続税の額が大きくなりがちな自宅敷地の相続に対する税額を軽減して、自宅敷地の相続をしやすくすることを目的としています。一方、遺産分割協議はあくまでも「それぞれの財産が有する価値」をもとに行いますので、小規模宅地の特例適用前の財産評価額を分割の基礎とするのが適当です。この例でいうならば、②と同様の分割を行います。

小規模宅地の特例は、特例適用の要件を満たした人に対して、税額を軽減するという恩恵をもたらします。税額の面では、修さんの税額は久男さんの税額に比べて大幅に低減し、税額面での平等は維持されません。税額の計算過程で見ると、下記のようになります。

一方で、久男さんに小規模宅地の特例が適用されたことにより、課税価格の合計額が大幅に減少します。その結果、課税遺産総額は2,000万円になり、法定相続分に適用される税率も低減します。最終的に、4,700万円の預貯金を相続する久男さんの納付税額も340万円から151万6,100円に減少します。

（財産評価額）

家屋	200万円
自宅敷地	800万円（小規模宅地の特例適用後）
預貯金	5,200万円
課税価格の合計額	6,200万円
基礎控除額	3,000万円＋600万円×2＝4,200万円
課税遺産総額	6,200万円－4,200万円＝2,000万円
相続税の総額	1,000万円×10％×2＝200万円
	＊2,000万円×1／2＝1,000万円

（各人が納付する相続税の額）
修さん　200万円×1,500万円／6,200万円＝　483,800円
久男さん　200万円×4,700万円／6,200万円＝1,516,100円

相続前の対策

▼生命保険契約の活用

財産が持つ性質の差や一定の人しか適用されない小規模宅地の特例など、様々な理由から、平等に遺産分割を行うことは困難です。これから遺産分割協議をされる方は、話し合いには妥協が必要だということを覚えておいていただきたいと思います。相続人によって、希望する財産も異なるでしょう。ある程度お互いの事情を理解しあい、折り合いをつけることが大切です。

将来の相続を考えて準備をしておきたい方々は、預貯金が潤沢にあるのなら、生命保険金の非課税を活用するのがいいでしょう。この時、第2章でも説明したように、契約者（被保険者）及び保険料の払い込み者は被相続人とし、死亡時の保険金の受取人は相続人とします。

たとえば②の小規模宅地の適用がない場合に、被相続人が500万円の保険金の受取人を、各相続人とする2本の保険契約（合計1,000万円）に加入します。雄介さんが死亡した時には、この1,000万円は遺産分割協議の対象外となり、保険金は修さん、久男さんの2人に直接支払われます。その結果、合計150万円の節税効果（1,000万円×適用税率15％）が生まれます。

（財産評価額）

家屋	200万円
自宅敷地	4，000万円
預貯金	4，200万円
（生命保険金）	500万円×2（受取額）－500万円×2（非課税枠）＝0
課税価格の合計額	8，400万円
基礎控除額	3，000万円＋600万円×2＝4，200万円
課税遺産総額	8，400万円－4，200万円＝4，200万円
相続税の総額	（2，100万円×15％－50万円）×2＝530万円
	＊4，200万円／2＝2，100万円

（各人が納付する相続税の額）

修さん	530万円 ×4，200万円／8，400万円＝265万円
久男さん	530万円 ×4，200万円／8，400万円＝265万円

③の小規模宅地の適用を受け、さらに生命保険契約を利用した場合、相続税の計算は次のようになります。

（財産評価額）

家屋	200万円

自宅敷地　800万円（小規模宅地の特例適用後）
預貯金　4,200万円
（生命保険金）　500万円×2（受取額）－500万円×2（非課税枠）＝0

課税価格の合計額　5,200万円
基礎控除額　3,000万円＋600万円×2＝4,200万円
課税遺産総額　5,200万円－4,200万円＝1,000万円
相続税の総額　500万円×10％×2＝100万円
＊1,000万円×1／2＝500万円

各人が納付する相続税の額
修さん　100万円×1,000万円／5,200万円＝192,300円
久男さん　100万円×4,200万円／5,200万円＝807,600円

この事例では、生命保険金の非課税枠を活用した後でも、100万円の納税額が算出されますが、サラリーマン家庭の相続であれば、小規模宅地の特例を適用したのちに、税額が出るか出ないかというぎりぎりのラインの相続が多いのが現実です。生命保険金の非課税枠を利用することで、相続税の納税額が出なくなることも十分考えられます。小規模宅地の特例適用を受ける相続人もそうでない相続人も、税額が出ないのであれば、納税額の不平等に悩むこともなくなります。余剰資金があるのであれば、生命保険金を利用した節税を検討してみてください。

相続リスク度 **30**％

◆相続人は複数、相続に争いがない
◆相続税を納付できる
◆相続財産が分割できない財産である

不動産の処分　平等な分割　共有　分筆　代償分割

相続人同士の関係はよいので、遺産分割協議でもめることはないだろう。相続税の納付は相続財産あるいは手持ちの納税資金でできそうだ。しかし自宅の家屋と敷地が主な相続財産で、うまく分割することができない。サラリーマン家庭でよく見られるケースです。こうした場合、どのような形で分割を進めることができるでしょうか。

次のようなケースを考えてみましょう。

「このたび、大黒智子さん（88歳）が亡くなりました。智子さんの相続人は娘の信子さん（65歳）と智佐子さん（62歳）です。智子さんの財産は以下のとおりです。

（相続財産の財産評価額：計11，500万円）

自宅家屋　　　５００万円
自宅敷地　１０，０００万円
預貯金　　１，０００万円
＊自宅敷地の売却時価は１２，５００万円

信子さんと智佐子さんが小規模宅地の特例の適用を受けない場合、２人の納税額の総額は、１，０６０万円になります。現預金を相続しますし、自分たちの蓄えもありますから、納税資金は問題なく確保できます。

相続後の対応策

▼売却

相続人２人とも自宅敷地を利用しない場合、相続後の売却を検討することになるでしょう。リスク度10％のところで解説したとおり、相続した土地は、もともとの土地の所有者から引き続き相続人が所有していたものとして、所有年数を計算します。したがって、ほとんどの場合、「売った年の１月１日において所有期間が５年をこえるもの」という長期譲渡所得の要件を満たし、譲渡所得に対する適用税率は所得税15％、住民税５％、復興所得税０・３１５％の合計20・３１５％となります。また、被相続人が死亡した日の翌日から相続税の申告期限の翌日以後３年以内に行った譲渡については、支払った相続税のうち、譲渡した土地と家屋に対応する部分の税額を取得費に加算することができます。今回のケースでは、土地と家屋が相続財産のほとんどを占めているので、かなりの税額を加算することができます。譲渡をするなら、相続のあと時間をおかずに行うようにお勧めします。

また、自宅の譲渡の場合、年数がかなり経過した家屋はほとんど価値を持たないことがあります。土地の売却のために家屋の取り壊しが必要なケースもありますが、売却のための取り壊し費用であれば、売却手数料などとともに土地の譲渡費用として取り扱うことが可能です。

仮にこの事例において、以下のような譲渡を相続税の申告後速やかに行ったとします。

家屋と宅地の売却価格	12,500万円	
△概算取得費	625万円	（12,500万円×5％）
△売却手数料	375万円	（12,500万円×3％）
△家屋取り壊し費用	100万円	
△相続税の取得費加算	967万円	
譲渡所得	10,433万円	

信子さんと智佐子さんが1／2ずつ相続した場合、2人が納付する所得税等の税額は、それぞれ1,060万円程度です。納付した相続税の額と合わせると、税額の合計は3,180万円、11,500万円の財産を相続し不動産を処分するのに、実質3割近くの税額を納付することになります。

▼共有

土地を処分すれば、かなりの税金を支払わなければなりません。特に今現金が欲しいわけでもない、愛着のある実家であるし将来使うかもしれない。別に相続人同士の仲が悪いわけでもないし、たとえ固定資産税がかかっても、2人で一緒に持ち続けるのはどうか……。誰もが考えることです。しかし土地の共有には、それなりに問題があります。

①何をするにも共有者の同意が必要

土地を共有するということは、その土地を「一体として」共に所有するということを意味します。仮にこの宅地の南側半分に信子さんが家を建てようとしたとします。その時自分の持分が半分あるからといって、智佐子さんの同意なしには、半分の土地を使用できません。これは処分についても同様です。共有状態では、何をするにも相手の同意が必要なのです。

②所有権の分散

信子さんと智佐子さんが大変仲のよい姉妹で、何をするにも意見がまとまり、生涯つつがなくこの土地の共有を続けたとしましょう。数十年後、信子さんと智佐子さんに相続が起きます。土地はお子さんたちに相続されるのですが、彼らはお互いにいとこ同士の関係です。兄弟姉妹よりも関係が希薄ですから、土地を処分するにも話はまとまりづらくなります。また、信子さんと智佐子さんのそれぞれに2人のお子さんがいたとしたら、この土地の所有者は4人になる可能性があります。世代を経るごとに所有権が分散し、土地の維持管理はますます困難になります。

▼分筆

「**分筆**」とは、一筆の土地として登記されている土地を分割して、それぞれ一筆（今回の場合は合計二筆）の土地として登記しなおすことです。まとまった面積の土地であるなら、分筆をすれば、分筆後のそれぞれの土地をそれぞれの相続人が単独で所有することができますから、共有による諸々の問題を解決することができます。

分筆の際には、「どのような形で分割するか」考えることが一番の課題になります。土地の利用価値を著しく損なうような不合理な分割の仕方で分筆することは望ましくありません。また、分筆後のそれぞれの土地にある程度の面積が確保できないと、処分も困難になります。さらに、2つの土地の価値に明らかに差が出るような分筆は、相続人の間に争いを招くことにもなりかねません。たとえば次の図のような土地がある場合、どのように分筆すれば、2人に公平になるでしょうか？

真ん中で2つに分筆すると、分筆後の土地は長方形になり、使いづらくなります。かといって、分筆後の2つの土地は、道路に接していなければなりません。分筆は、不動産鑑定士など専門家の支援を受けながら、慎重に進める必要があります。

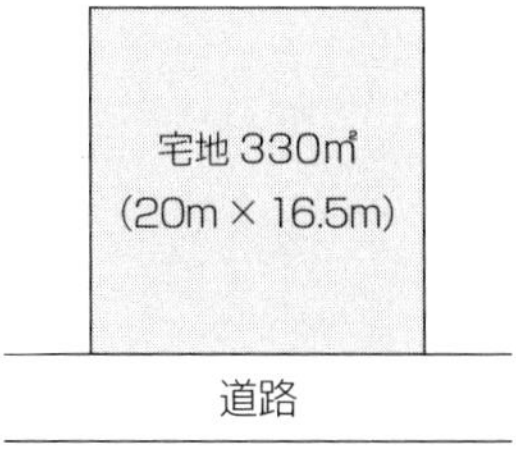

▼代償分割

現物（家屋や宅地など）財産を分割するのが困難な場合、「**代償分割**」という解決策があります。代償分割とは、相続人のうち1人ないしは複数人が現物の相続財産（今回の場合は家屋と自宅敷地）を取得し、その現物を取得した相続人が、ほかの相続人に対して本来その相続人が取得すべき相続財産に見合う、別の財産（通常は金銭）を交付する方法です。

たとえば、信子さんと智佐子さんがそれぞれ1／2（11，500万円／2＝5，750万円）ずつ財産を相続することにしたとします。仮に信子さんに代償分割を行うだけの資金があれば、信子さんが家屋と自宅敷地をすべて取得し、智佐子さんに預貯金（1，000万円）を取得させたうえで、5，750万円－1，000万円＝4，750万円を金銭で智佐子さんに支払います。この場合4，750万円は法律上、智佐子さんに対する信子さんの債務になりますので、遺産分割協議書にこの旨を明記します。

ところで信子さんが、4，750万円の現預金ではなく、この金額相当の不動産を所有していた場合はどうでしょう。

代償分割により生じた債務を支払うために不動産を第三者に売却したときには、通常どおり所得税が課税されます。また、その不動産を智佐子さんへの債務の弁済として直接智佐子さんに渡した場合も、時価によって資産を智佐子さんに譲渡したものとして扱われ、所得税・住民税が課税されます。

相続前の対策

配偶者に先立たれた親が、1人で大きな一軒家に生活するケースがみられます。相続税対策はもちろんですが、老人の一人住まいには危険もあります。できれば生前に処分をして、子供たちも安心できる環境に住み替えておけば、マンションの購入や余剰資金の贈与、定番の生命保険契約の加入など、いろいろな相続税対策を講じることができます。

しかし、住み慣れた自宅を離れたくないと希望する方が多いのも事実です。そうした場合には、やはり今回のように、事後的な対応策で対応しなければなりません。

ここで再び、相続一郎さんのケースを思い出してみましょう。

第3章の終わりに、一郎さんは花子さんが亡くなった時の相続を心配していました。もしも太郎さんが、一郎さんの死後に自宅を増築して花子さんと同居したら……、太郎さんは当然のことながら、花子さんが亡くなった後も、自宅に住み続けることを希望するでしょう。その場合、良子さんは花子さんのわずかな預貯金以外に何を相続できるのでしょうか。自宅に住み続ける太郎さんには、自宅を処分するという考えは毛頭ないでしょう。では太郎さんは、代償分割ができるだけの資金を持っているでしょうか。

相続一郎さんの場合には、花子さんが亡くなる時の相続までを考えて、一郎さんが亡くなる時の遺産分割の方法を、あらかじめ考えておくべきでしょう。

太郎さんが現在の自宅に住み続けることを望む一方、良子さんは両親の面倒を見てくれる太郎さんに感謝していますし、そもそも良子さんが遠く離れた実家の敷地の一部を相続したところで、活用方法はありません。しかし、太郎さんが自宅を丸ごと相続して、良子さんの相続分がほとんどないのでは、あまりにも不公平です。

良子さんが望むのは、自分の家族の安定した生活を維持するだけの資金です。一郎さんは、預貯金と株式をあわせて4,500万円ほどの金融資産を持っています。一郎さんが2人の子供としっかり話し合い、一郎さんの相続の時には金融資産の大半を良子さんに、花子さんの相続の時は自宅を太郎さんに相続させるように、今のうちに決めておくことが、相続家の場合の最善の相続対策といえるでしょう。

相続リスク度 40%

◆相続人は1人
◆相続税を納付できない

不動産の処分

延納・物納

分筆

リスク度10%と同様、相続人が1人であれば、相続人同士で相続財産の分割についてもめることはありません。ただ、不動産などの財産が大半で、十分な現金や即時換金性のある金融資産がない場合には、納税資金を工面する必要が生じます。相続税の納付期限までに納税ができない場合には、納税を先送りにする「**延納**」、さらには相続した財産で納税を行う「**物納**」といった方法が考えられます。また、不動産を売却して納税資金を得ることも、視野に入れる必要があります。これらの点を考慮して、相続人は1人でも、相続税を納付できない場合の相続リスク度を、40%としています。

次の事例を考えてみましょう。

「久富明子さん(80歳)が亡くなりました。ご主人を15年前に亡くしてから、自宅で一人暮らしをしていた明子さん、子供は遠方に住むサラリーマンの孝さんだけです。明子さんの財産と相続税の額は以下のとおりです。

自宅家屋	500万円
自宅敷地（250㎡）	1億8,000万円
現預金	1,500万円
課税価格の合計額	2億　　　　円
基礎控除額	3,600万円
課税遺産総額	1億6,400万円
相続税の額	4,860万円

孝さんの年収は手取り額で600万円程度です。数年前に自宅を購入したこともあり、貯金は300万円程度しかありません。とても相続税を支払える状況ではないのです。やむをえず孝さんは、様々な選択肢を検討することにしました。

相続後の対応策

▼金融機関から融資を受ける可能性

孝さんが、相続した自宅敷地を担保にして、金融機関から融資を受けることは可能でしょうか？　事業を行う経営者や、収益物件を保有して安定した収入があるような不動産オーナーであれば、金融機関からの融資は可能です。しかし、いくら土地に相当の担保価値があるからといっても、孝さんには毎月決まった給与収入しかないのです。返済能力が十分であるとはいえませんから、融資を受けることは難しいでしょう。

▼延納の検討

融資を受けることが難しいとわかった孝さん、インターネットでいろいろと調べているうちに、自宅の敷地で相続税を納付する「物納」という可能性があることを知りました。しかしすぐさま物納とはいきません。相続税の納付は次の手順で行われます。

原則：金銭による納付
　←　期限内に全額を金銭で納付することが難しい！
特例：延納による金銭納付
　←　延納によっても金銭で納付することが難しい！
例外：物納

相続税は原則として、金銭によって一括納付しなければなりません。金銭による一括納付が不可能な場合にのみ、分割して相続税を納付する延納が許可され、延納でも困難な場合に限り、例外として物納ができるのです。

そこでまず、延納の検討をします。

延納とは、納期限までに納められない相続税を、ローンのように年賦で納めることをいいます。

延納が認められるためには、納期限までに税額の全額を金銭で納付できないことに加え、次の4つの要件をすべて満たさなければなりません。

①相続税が10万円を超えること。

②金銭で納付することを困難とする事由があり、かつ、その納付を困難とする金額の範囲内であること。

③延納税額及び利子税の額に相当する担保を提供すること。ただし、延納税額が100万円以下で、かつ、延納期間が3年以下である場合には担保を提供する必要はありません。

④延納申請に係る相続税の納期限又は納付すべき日（延納申請期限）までに、延納申請書に担保提供関係書類を添付して税務署長に提出すること。

①③④については特に問題はないでしょう。孝さんの場合であれば、相続税の額は優に10万円をこえていますし、自宅の土地を担保として提供し、必要書類を作成して期限内に提出すればよいのです。担保は、相続財産に限らず、孝さん固有の財産であってもかまいません。問題は②でしょうか。「金銭で納付することを困難とする金額の範囲内」とは、具体的にはどのようなことでしょうか。

延納の場合には、現金で相続税を払うことができない範囲（「**延納許可限度額**」）を厳格に算出し、その範囲内で延納が認められます。算出のための細かい計算式が決められていますが、サラリーマ

ンであることを前提とした場合、大まかには、

【延納許可限度額】＝【納付すべき相続税額】－【納期限までに現金納付できる金額】＊

＊相続した預貯金と相続人名義の預貯金を合算した金額から、３カ月分の生活費等を差引いた金額

となります。数字を使って見てみましょう。孝さんの３カ月分の生活費が１２０万円（＝40万円×３カ月）と仮定すると、

【納付すべき相続税額】４，８６０万円にたいして、

【納期限までに金銭納付できる金額】１，６８０万円

（相続した預貯金１，５００万円＋孝さんの預貯金３００万円－３カ月分の生活費等１２０万円）であり、

【延納許可限度額】４，８６０万円－１，６８０万円＝３，１８０万円となります。

延納期間は財産の構成によってあらかじめ定められており、また延納期間中は、相続税の納期限内に納付を完了した人と不公平が生じないように、「**利子税**」（利息）を支払う必要もあります。利子税は、相続財産の中に不動産が占める割合によって、原則１・２％～６・０％となっていますが、近年の低金利によって特例が設けられています。延納期間や利子税については次ページの表を参照してください。

▼物納の可能性

相続税をローンのように長期間にわたって納付するのが延納です。相続税の重圧からなんとか

逃れたいと考える孝さん。物納の可能性はないものかと考えます。しかし、延納に至る手順で見たとおり、物納はあくまで例外です。延納できるものは延納しなければならないと考えてください。

物納とは、延納しても相続税を支払うのが難しいときに、現金の代わりに不動産や有価証券などの物で相続税を納付することをいいます。また、物納の対象となるのは、相続によって取得した財産に限定されます。

物納が許可されるためには、まず、

①延納によっても金銭で納付することが困難な金額の範囲内で物納がされること

②相続税の納期限までに「延納申請書」及び「物納手続関係書類」を提出すること

という2つの要件を満たさなければなりません。また、相続人が要らないものを物納できるわけではありません。国としても、処分できない財産を物納されても困るのです。

孝さんの場合、相続財産のうち不動産の割合が75%以

区分			延納期間（最高）	利子税	
				原則	特例
相続税	不動産などの割合が75%以上の場合	動産等に係る延納相続税額	10年	5.4%	1.3%
		不動産等に係る延納相続税額（一定の場合を除く）	20年	3.6%	0.8%
	不動産等の割合が50%以上75%未満の場合	動産等に係る延納相続税額	10年	5.4%	1.3%
		不動産等に係る延納相続税額（一定の場合を除く）	15年	3.6%	0.8%
	不動産等の割合が50%未満の場合	一般の延納相続税額（一定の場合を除く）	5年	6.0%	1.4%

（延納期間と利子税率　出典：国税庁HPより一部抜粋）

上のため、延納年数を20年として延納すべき金額を算出すると、（年収６００万円－年間生活費４８０万円）×延納年数20年＝2，４００万円になります。所定の20年をかけても3，１８０万円を納税できませんから、物納が許可されることになります。

実際に、物納を行う時は、「**物納許可限度額**」を求めます。これもまた複雑な計算式があるのですが（次ページの「金銭納付を困難とする理由書」を参照）、端的にいえば、

相続税額－（手持ちの現預金）－（年収－年間生活費）×延納年数＝物納許可限度額となります。

実際には金銭納付を困難とする理由書をめぐって、税務署と協議を行うことになるでしょう。

仮に、このまま孝さんが物納に至る場合、物納許可限度額は、４，８６０万円－（1，５００万円＋３００万円－１２０万円）－（６００万円－４８０万円）×20年＝７８０万円です。

しかし、自宅敷地のうち７８０万円相当額を切り出して物納することは非現実的です。ある程度の面積の土地を分筆して物納し、納めすぎの部分は金銭で国から孝さんに返還されることになります。返還された金銭は、孝さんから国への譲渡により得た所得として孝さんに所得税等が課税されます。

最後になりますが、物納の場合、物納財産は課税価格で評価されますし、小規模宅地の特例の適用を受けた財産は、特例適用後の価格で評価されるので、通常時の売却時価よりも安くなります。物納とは、決して甘い方法ではないのです。

金銭納付を困難とする理由書

（相続税延納・物納申請用）

平成　　年　　月　　日

税務署長　殿

住　所

氏　名　　　　　　　　　　　　　　　　　㊞

平成　　年　　月　　日付相続（被相続人　　　　　　　　　）に係る相続税の納付については、納期限までに一時に納付することが困難であり、延納によっても金銭で納付することが困難であり、その納付困難な金額は次の表の計算のとおりであることを申し出ます。

1　納付すべき相続税額（相続税申告書第1表㉗の金額）		A	円
2　納期限（又は納付すべき日）までに納付することができる金額		B	円
3　延納許可限度額	【A－B】	C	円
4　延納によって納付することができる金額		D	円
5　物納許可限度額	【C－D】	E	円

2 納期限（又は納付すべき日）までに納付することができる金額の計算	(1)　相続した現金・預貯金等	（イ＋ロ－ハ）	【　　　　円】
	イ　現金・預貯金（相続税申告書第15表㉑の金額）	（　　　　円）	
	ロ　換価の容易な財産（相続税申告書第11表・第15表該当の金額）	（　　　　円）	
	ハ　支払費用等	（　　　　円）	
	内訳　相続債務（相続税申告書第15表㉝の金額）	［　　　　円］	
	葬式費用（相続税申告書第15表㉞の金額）	［　　　　円］	
	その他（支払内容：　　　　）	［　　　　円］	
	（支払内容：　　　　）	［　　　　円］	
	(2)　納税者固有の現金・預貯金等	（イ＋ロ＋ハ）	【　　　　円】
	イ　現金	（　　　　円）	←裏面①の金額
	ロ　預貯金	（　　　　円）	←裏面②の金額
	ハ　換価の容易な財産	（　　　　円）	←裏面③の金額
	(3)　生活費及び事業経費	（イ＋ロ）	【　　　　円】
	イ　当面の生活費（3月分）うち申請者が負担する額	（　　　　円）	←裏面⑪の金額×3/12
	ロ　当面の事業経費	（　　　　円）	←裏面⑭の金額×1/12
	Bへ記載する	【(1)＋(2)－(3)】	B　【　　　　円】

4 延納によって納付することができる金額の計算	(1)　経常収支による納税資金（イ×延納年数（最長20年））＋ロ	【　　　　円】	
	イ　裏面④－（裏面⑪＋裏面⑭）	（　　　　円）	
	ロ　上記2(3)の金額	（　　　　円）	
	(2)　臨時的収入	【　　　　円】	←裏面⑮の金額
	(3)　臨時的支出	【　　　　円】	←裏面⑯の金額
	Dへ記載する	【(1)＋(2)－(3)】	D　　　　　円

添付資料

☐　前年の確定申告書(写)・収支内訳書(写)

☐　前年の源泉徴収票(写)

☐　その他（　　　　　　　　　　　　　　　　）

▼相続後に売却して納税資金を確保する

売却可能な不動産であれば、売却をして納税資金を確保する方が物納よりも有利でしょう。相続後の売却については、相続リスク度10％のところで解説したとおりです。

自宅の売却となった時、不動産業者に依頼するのが一般的です。しかし、不動産業者が一生懸命に営業をしてくれたとしても、相続税の納期限までに売れない可能性がありますし、売れたとしても、売買代金の振り込みが納付期限までに間に合わないこともあります。売却を進める場合でも、平行して延納手続きをすることをお勧めします。延納は、納期限までに申請をしておかないと適用を受けられません。納期限後になって、売却できなかったからと延納の申請をするのでは、間に合わないのです。

相続前の対策

では、明子さんの生前にどのような相続対策を検討することができたのでしょうか。仲が悪いならまだしも、5,000万円近くの相続税が出るのがわかっているにもかかわらず、対策を講じないことは考えられません。

▼小規模宅地の特例

やはり何といっても、小規模宅地の特例の適用を受けられるように環境を整えておくことです。①明子さんの自宅に孝さん家族が生前から同居する、②孝さんが持ち家を第三者に賃貸し、孝さん家族が新たな賃貸不動産に引っ越しておく、の2つの方法が考えられます（詳細は第3章第1節を参照ください）。明子さんの自宅の場合、自宅敷地の評価額は1億8，000万円から3，600万円に下がりますから、孝さんが納付する相続税の額は250万円になります。当初4，860万円だった相続税額が250万円になるのです。これほどインパクトがあるのですから、真っ先に検討しておくべきでしょう。

▼その他の対策

生命保険金の非課税枠の適用、孝さんにお子様がいる場合の養子の可能性……。常套手段ではありますが、これらの可能性は忘れないでください。土地の持分を少しずつ贈与することも、検討の余地はあるでしょう。しかし、孝さんの場合には、生活費にそれほどの余裕がありません。贈与税の納付、不動産取得税や登記費用の支出を考えると、まずは小規模宅地の特例の適用を検討してから、ということになります。小規模宅地の特例の適用が難しいのであれば、明子さんの生前に自宅の土地の一部を分筆し、貸地とする、または売却して納税資金だけでも確保するなどの方法も考えられます。納税の心配がなくなれば、リスクは10％まで軽減します。

コラム 6

空き家問題

今回の事例で解説したように、持ち家のない相続人が小規模宅地の特例を受けることを、俗に「家なき子の特例」といいます。しかし特例を受けても、相続人はすぐに実家には住まないでしょう。これは空き家の増加を促します。実際に、最近は全国的に空き家が増加しており、適切に管理されていない空き家等が防災、衛生、景観等の点から地域の住民生活に影響を及ぼしています。

それを改善するために、平成27年度税制改正により、市町村長が所有者に対して必要な措置をとるように助言又は指導、勧告等を行うことが可能になりました。これに伴い勧告を受けた「特定空き家」は平成28年度分から固定資産税が値上がりすることになります。また平成28年度税制改正では、所得税において、「空き家に係る譲渡所得の特別控除の特例」が導入されました。これは、被相続人が居住していた家屋（その敷地を含む）または家屋を除去した後の土地を、その家屋を相続した相続人が、相続後一定の期間内に譲渡した場合には、譲渡益について3,000万円の特別控除を受けられるとする制度です。売却する物件などについて一定の制限はありますが、空き家の発生が地域の生活環境に及ぼす悪影響を、未然に防ぐために設けられた制度です。

相続リスク度 50%

◆相続人は複数、相続に争いがない
◆相続財産が分割できず、相続税を納付できない

不動産の処分	平等な分割	共有	延納・物納	分筆	代償分割	連帯納付義務

親が自宅家屋と自宅敷地だけを遺して亡くなった。金融資産を遺してくれなかったため、相続税が納付できない……。ここまでは、相続リスク度40％と同じです。売却できる状況であれば、自宅を売却して納税資金を確保し、相続税の納付期限までに現金納付を終えるのが、最もシンプルです。売却に時間がかかる場合は、緊急避難的に金融機関から融資を受ける可能性を模索するのか、それとも延納手続きをするのか、ということになるでしょう。物納は最後の手段です。

納税資金確保の問題のほかに、相続人が複数になると、連帯納付という新たな潜在的リスクが生じます。そこで相続リスク度を50％としています。

次のような事例を考えてみましょう。

弁天正蔵さん（85歳）が亡くなりました。奥様の路子さんを10数年前に亡くしてから、自宅で

一人住まいをしてきた正蔵さん、相続人は、近くに住む専業主婦の長女の美和子さん（60歳）、遠方に家族と住むサラリーマンの長男宏之さん（57歳）、近県に住む二男で独身、現在失業中の剛史さん（50歳）です。3人とも自宅を所有しています。正蔵さんの財産は、次のとおりです。

自宅家屋	1,500万円
自宅敷地（330㎡）	19,800万円
現預金	1,500万円
課税価格の合計額	22,800万円
基礎控除額	4,800万円
（3,000万円＋600万円×3）	
課税遺産総額	18,000万円
相続税の総額	3,300万円

3人の相続人は、それぞれ1／3ずつ相続しようということになりました。すると相続人1人当たりの相続税の額は、1,100万円。長男の宏之さんにはある程度のたくわえがありますから、相続する500万円の現預金とあわせれば、何とか納税できます。専業主婦の美和子さんも、家計から工面すればなんとか納税できそうです。しかし、現在失業中の剛史さんには納税資金がありません。収入がないので延納も無理でしょう。ということは、相続財産から500万円を納

付した後の600万円については、すぐさま物納ということになるのでしょうか。

物納については相続リスク度40％のところで解説しましたが、ここでもう一度、物納できる財産について説明します。相続税は金銭納付が大原則です。延納によっても金銭納付ができない場合に限り、物納という例外が適用されるのですが、現物を現金の代わりに納付された国としては、換金できなくては元も子もありません。そこで、物納できる相続財産とその順番は、以下のように定められています。

第1順位　国債、地方債、不動産、船舶
第2順位　社債、株式、証券投資信託、貸付信託の受益証券
第3順位　動産

なお、物納財産に充てられるのは相続財産に限られており、相続人固有の財産は物納の対象になりません。また、当然のことながら、他人と共有している財産は物納できません。ですから、剛史さんが物納する場合には、分筆したのちに物納（ないしは譲渡して納税資金を確保）することになります。

▼連帯納付義務

美和子さんと宏之さんは相続税を納付したものの、剛史さんはぐずぐずとするばかり、分筆

の話も延納・物納の話も進みません。あっという間に相続税の申告納付期限を過ぎてしまいました。さてこの場合、税務署は「失業中だから仕方がないなあ」と納付を待ってくれるのでしょうか。

相続税では、農地や非上場株式を相続し事業を継続する必要がある特別な相続人に対しては、相続税の申告期限までに一定の手続きを行った場合に、納税を猶予するという制度をもうけています。しかし、一般の相続の場合に、それもずるずるとわけもなく納税が遅れる場合に、相続税の納付を待ってくれることはありません。仕方がないでは済まされないのです。

相続税法では「同一の被相続人から相続又は遺贈により財産を取得した全ての者は、その相続又は遺贈により受けた利益の価額に相当する金額を限度として、互いに連帯納付の責めに任ずる」とする、「**連帯納付義務**」を定めています。

難しい文章ですが、要は「ある相続人が相続税を納付しなかったら、相続した財産の額までは、他の相続人に相続税を納付してもらいますよ」ということです。剛史さんが1，100万円の相続税の納付を怠れば、美和子さんと宏之さんに請求し

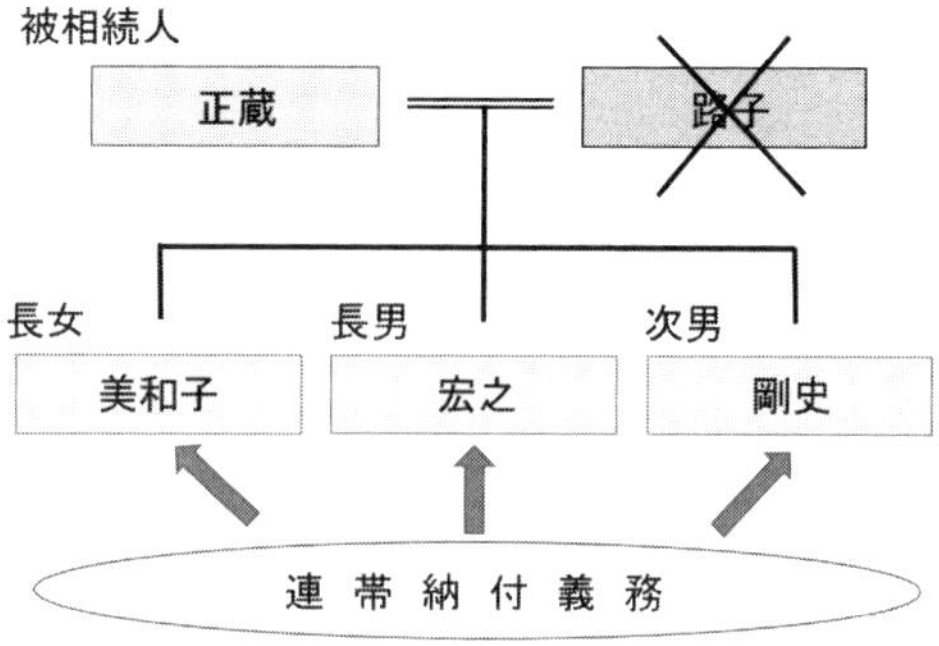

ますよ、ということです。2人がそれぞれ相続した財産の額（利益の価額）は22，800万円／3＝7，600万円なので、税務署は、1，100万円を丸ごと2人に請求します。

また、この法律が、「相続又は遺贈により財産を取得した全ての者は」といっていることに注意が必要です。遺贈、つまり遺言によって財産を取得した受遺者も連帯納付義務を負うのです。たとえば、おじい様が相続人ではない孫に1，000万円の預貯金を遺言によって分け与えたとします。もし他の相続人の中に相続税を納付しない人がいたら、その孫も連帯納付義務者として、相続税を肩代わりしなければならないのです。

▼連帯納付はどのように起こるのか

剛史さんが相続税の納付期限までに納税を行わなかった場合、税務署はまず、剛史さん本人に対して、督促状や督促の電話をかけて、納税をするように促します。相続した預貯金もこの段階で取り上げられます。しかしそれでも本来納付すべき税額の全額が回収できない場合は、美和子さんと宏之さんに「相続税の連帯納付義務のお知らせ」という通知が送られます。

それでは、連帯納付義務はいつまで付きまとうのでしょうか。相続人が忘れたころに、他の相続人が納付を怠った相続税を請求する通知がきて不意打ちを食らうのでは、おちおち寝てもいられません。連帯納付義務については、原則として連帯納付義務を負うのは申告期限から5年の間に限り、また、延納の許可を受けた相続税額については、連帯納付義務を負わないこととされています。

相続後の対応策

▼延納申請、物納申請、売却

相続財産が分割できない財産であり、納税資金が確保できない場合、相続人は連携を取り合い、納税資金の確保を速やかに行うべきです。仲のよい兄弟であっても、お金についての話はなかなかしにくいものです。お互いの台所事情まで包み隠さずというのはまれなことでしょう。とはいえ、足並みを揃えた納税計画を立てることは重要です。そして、いずれかの相続人について滞納の可能性がある時は、連帯納付の危険性を予測し、その相続人について延納の手続きを取るなど、連帯納付を避ける策を講じなければなりません。

相続前の対策

▼被相続人との同居

定石ではありますが、どのような相続においても、小規模宅地の特例を利用する可能性は、必ず模索して下さい。

今回の事例であれば、嫁いだ美和子さんや遠方に住む宏之さんは無理かもしれませんが、剛史さんであれば、正蔵さんと同居する可能性があったように思われます。仮に剛史さんが正蔵さんと同居していた場合、相続人が各財産を1／3ずつ取得するという前提を変えずに考えると、相続税は以下のようになります。

自宅家屋 1,500万円
自宅敷地（330㎡） 14,520万円
（孝さんの法定相続分につき小規模宅地の特例を適用）
現預金 1,500万円

課税価格の合計額 17,520万円
基礎控除額 4,800万円
課税遺産総額 12,720万円
相続税の総額 1,944万円
（美和子さんと宏之さんの相続する財産の課税価格と相続税額）
7,600万円 843万2,800円
（剛史さんが相続する財産の課税価格と相続税額）
2,320万円 257万4,200円

これであれば、剛史さんも相続した現預金から納税を済ませることができます。ですから、小規模宅地の特例のための、「相続税の申告期限まではその居住用の家屋に住み続け、その土地を所有し続ける」という要件を守り、納税を済ませ、兄弟で処分方法を検討する、時間的・精神的余裕を持つことができます。剛史さんに小規模宅地の特例を適用することによって、先ほどと同じ財産を取得するにも関わらず、他の相続人の税額も軽減することはいうまでもありません。

兄弟の仲がよいのならば、お互いに協力しあって、コミュニケーションを取りながら相続対策を検討して下さい。

相続リスク度 **70** ％

◆相続人は複数
◆相続に争いがある
◆相続税を納付できる
◆財産のなかに金融資産があり遺産分割は可能

不動産の処分　平等な分割　寄与分　特別受益

現預金や即時換金性のある金融財産など、相続税を納付するための十分な資金があれば、相続税の納税資金に関するリスクは一切ありません。また金融資産などが潤沢にあり、相続人の間で分割が可能であれば、相続する不動産の処分を急ぐべき問題もありません。あとは、お互いが譲り合って遺産分割協議を行えばよいだけですから、相続リスク度は20％のはずです。

しかし、相続人同士の関係が悪いと、①遺産分割協議に入れずに家庭裁判所の調停が必要になり、②申告期限まで分割協議が整わないことから、相続税上の様々な特例を受けられない危険が生じます。このような方々の相続リスクは一気に50％アップし、相続リスク度は70％です。

次のような事例を考えてみましょう。

ある地方都市にお住まいの金富康子さんは、平成27年8月5日、80歳で亡くなりました。康子さんは生前ご主人が購入したマンションに一人住まいでした。

康子さんはご主人を20年以上も前に亡くし、自宅をはじめとした財産を相続しています。また、30年ほど前には自分のお母さまからの相続もありました。その結果、合計2億円程度の預貯金を相続し、加えて遺族年金と国民年金もあることから、亡くなるまでお茶のお稽古、社交ダンスのレッスンなど、それは楽しく過ごしていました。

ダンスのレッスンを終えたある日のこと、家に帰り胸が急に苦しくなり、自分で救急車を呼び病院に入院しましたが、介抱の甲斐なく急性心不全で亡くなりました。

康子さんには長男の晴夫さん（55歳）、次男の薫さん（52歳）がいます。それぞれ結婚しており、晴夫さんは地元でクリニックを開業し、家族とご自身が所有するマンションに住んでいます。一人息子の博之さん（25歳）も今年私立の医学部を卒業し、大阪の病院に勤務しています。

次男の薫さんは証券会社に勤務し、長年の海外勤務ののち、4年前に日本の本社に戻り、役員をしています。薫さんは海外勤務が長かったために持ち家を持たず、社宅住まいです。薫さんには2人の息子さんがおり、それぞれ結婚し独立しています。

康子さんが遺した財産の財産評価額は、次のとおりです。

自宅マンション建物　　4,000万円

自宅マンション敷地　　　　3,000万円
現預金　　　　　　　　　10,000万円
実家の相続による土地・建物　3,000万円

本来このような資産構成であれば、どちらかが自宅マンションを、どちらかが康子さんが実家から相続した土地、建物を相続し、不平等部分を話し合いにより、現預金で補えばよいはずです。しかし残念ながら、かねてから疎遠で仲の悪い2人の兄弟、お互いに主張することがあります。四十九日の法要後に2人が交わした会話を聞いてみましょう。

晴夫「おふくろは、30年前におばあちゃんから相続した1億円を使ったのだから、楽しい人生だったろう。ところで薫、おふくろは遺言書を残してないので、2人で分けなくてはならない。2人の相続分は法定相続分の1／2ずつ、それでいいな?」

薫「それはおかしいじゃない。兄貴は医学部6年間、入学金から学費まで全ておふくろの預貯金で賄ったでしょ。俺は国立の法学部で学費は兄貴の10分の1くらいしかかかっていないはずだ。しかも、聞くところによると博之の医学部の入学金まで、おふくろが出したそうじゃないか。これは法律でいう、特別受益になるはずだ」

晴夫「ならばいうが、お前はおやじの相続の時も日本に居ないで、法要から相続手続きまで全て俺が1人でやったのだ。しかも、お前が日本にいない間、おふくろの面倒はすべて

俺がみてきたのだから、寄与分があるだろう」

その後2人の話し合いは平行線をたどり、顔を合わせることもなく、申告期限である平成28年6月6日を迎えることになりました（本来の申告期限は6月5日ですが、申告期限が土日祝日である時は、申告期限は翌日になります）。

相続後の対応策

▼遺産分割協議がまとまらない場合のプロセス

①相続税の申告納付

相続税法では、相続税の申告期限までに相続人間で財産の分割協議がまとまらなかった場合には、各相続人が民法に定める相続分（いわゆる、法定相続分）により取得したものとみなして暫定的に相続税の計算をし、納税を行います。この場合に小規模宅地の特例や（今回は該当しませんが）配偶者の税額軽減といった、大きな特例の恩恵を受けることはできません。

②家庭裁判所の調停

当事者同志の話し合いがまとまらない場合、遺産分割協議は家庭裁判所の調停を仰ぐことになります。この場合、家庭裁判所は専門家の意見を参考にしつつ、調停案を提示します。晴夫さんと薫さんに対して家庭裁判所は、以下のような案を示しました。

晴夫さん

実家の相続による土地・建物	3,000万円
預貯金	6,000万円
課税価格	9,000万円

薫さん

自宅マンション建物	4,000万円
自宅マンション敷地	3,000万円
小規模宅地の評価減*	△2,400万円
預貯金	4,000万円
課税価格	8,600万円
課税価格の合計額	17,600万円
基礎控除額	4,200万円
	(3,000万円+600万円×2)
課税遺産総額	13,400万円
相続税の総額	2,620万円

*このケースで小規模宅地の特例が適用されるのは、自分または自分の配偶者の所有する家屋に住んだことがない薫さんだけです。

③相続税の申告書の再提出

家庭裁判所の調停により遺産分割協議がまとまり、以前の申告において各相続人が納付した税額と遺産分割協議終了後に再び計算した税額が異なる時は、納めすぎていれば還付、納めた税額に不足があれば不足分を納付する相続税の申告を、あらためて行います。また、当初の申告から3年（特別な場合には承認を受けた年）以内に分割協議がまとまった場合には、小規模宅地の特例の適用を受けることができるため、分割協議がまとまった日の翌日から4カ月以内に、再度「更正の請求書」を提出して、一度納めた税金を返還してもらう手続きを取ります。今回の場合には、2人とも更正の請求書を提出できます。

このように、相続に争いがある場合には、手続きが煩雑になり相続が終わるまでに長期間を要することになります。また、遺産分割協議が終了するまでの間、手持ちの現預金から納税を行わなければならない、相続税上の特例を受けられないという不利益を被ります。

▼寄与分と特別受益

晴夫さんと薫さんは、寄与分や特別受益という主張を交わしていました。果たして彼らの主張は認められるのでしょうか。

①寄与分

一般的に寄与分は、被相続人の療養看護、被相続人の財産の維持又は増加につき、特別に寄与した場合等に限り認められる主張です。

無報酬で長い間、被相続人の病気療養中の介護にあたった、無報酬で継続的に被相続人の仕事を助け、そのおかげで収入がかなり増えたなど、その相続人の多大な貢献のおかげで被相続人の財産が目減りしなかったり、財産の増加がかなりあったりという場合にのみ、特別の寄与として認められるのだと考えてください。

親族の間には、互いに助け合い生きていくという**相互扶助**の考えがあります。家族として当たり前の範囲の行為では、特別の寄与とは認められません。

晴夫さんは「康子さんの面倒をみた」と主張しています。しかしその程度では、親子の間の相互扶助として当然のものであり、寄与分の主張は認められません。

②特別受益

特別受益の対象になるのは、遺贈、婚姻・養子縁組のため、若しくは生計の資本としての贈与です。生計の資本としての贈与には、高等教育に係る学資が含まれますが、現代では大学進学はごく一般的なことですから、大学に進学したからといって、すぐさま特別受益とはなりません。

今回の事例で薫さんは「晴夫さんの医学部の入学金から卒業までの授業料が、薫さんの10倍であった」と主張しています。これは、たしかに特別受益に該当し、相続財産の計算上調整が行われます。

一方、晴夫さんの長男の博之さんに対して康子さんが支払った入学金はどうでしょうか。康子さんが払うことでお父さんの晴夫さんは懐が痛まずに済んだのだから……と考えたいところですが、博之さんは相続人ではありませんから、一般的にこのような場合、博之さんに支払われた入学金は、晴夫さんの特別受益に該当しません。

相続前の対策

▼遺言の作成

金富康子さんの場合、生前にどのような対策が可能だったのでしょうか。

相続人同士が疎遠である場合、相続の争いが生じがちです。お互いに「隣の芝生は青く見える」、親の近くに住む子供は、離れて遠くにいる兄弟を自由で羨ましいと感じ、親と離れて暮らす子供は、親の近くに住む兄弟を何かと親の援助が受けられて羨ましいと思う。そして、いざ遺産分割になった時に、積年の不満をぶつける……実際よくあることなのです。

康子さんの場合は、急死したこともあり遺言を作成していませんでしたが、自らの財産の行く末を指示し、息子たちのむやみな争いを避けるためにも、遺言書を作成しておくべきだったでしょう。遺言書は、「いつか作成しよう」ではなく、思い立ったら吉日、なるべく元気なうちに作成してください。遺言については第5章で詳しく解説します。

相続リスク度 **80**%

◆相続人は複数
◆相続に争いがある
◆相続税を納付できる
◆分割できない財産であり、その処分に合意できない

不動産の処分　平等な分割　共有　分筆　代償分割　同居相続人

相続税を納付するだけの現預金があるといっても、相続人が複数いれば、財産の分け方について、遺産分割協議を行わなければなりません。相続した財産が土地や建物であると、相続リスク度30％のところで解説したとおり、分割そのものに苦慮するのですが、相続人同士の仲が悪いと、財産の処分に合意できないという状況が起こり、分割の話し合いが長引きます。放っておけば、受けられるはずの税制上の優遇措置も受けられなくなる可能性があります。そこでこのような場合の相続リスク度を80％としています

次の事例を考えてみましょう。

恵比須幸男さんは平成28年4月3日に82歳で亡くなりました。

幸男さんは長年金融機関に勤めていて、定年退職後は趣味のゴルフに没頭し、70歳を過ぎてシングルプレーヤーになるほどの腕前でした。近県に所在するゴルフクラブのメンバーだった幸男さん、ある日プレーの最中に突然倒れ、そのまま亡くなりました。

幸男さんの奥様は7年前に他界しており、二男の紀夫さん（47歳）家族と同居していました。

幸男さんの財産は以下のとおりです。

自宅家屋	500万円
自宅敷地（180㎡）	7,500万円*
現預金	500万円
課税価格の合計額	8,500万円
基礎控除額	4,200万円
（3,000万円+600万円×2）	
課税遺産総額	4,300万円
相続税の総額	545万円

*小規模宅地の特例適用前

相続人は紀夫さんのほかに、長男の洋さん（51歳）です。紀夫さんは、いつも上から目線のお兄さんが苦手、大人しい紀夫さんには洋さんはいつも高圧的に感じられて仕方ないのです。幸男さんの相続についても、洋さんに一方的に指図されるのではないかと、紀夫さんは不安を感じていました。四十九日の法要の日、案の定、紀夫さんの恐れていたことがおきました。

洋「おふくろが亡くなってからもう7年だな。おやじはほとんど毎日、囲碁、ゴルフと本当によく遊んでいたな。最後はあっという間だったけど、本人に後悔はないんじゃないか。預金もあまりないみたいだし、最後に残ったのは、この家の土地と建物だけ。まあ、2人で相続するしかないな」

紀夫「兄貴、2人で相続するとは、どういうこと？ 俺たち家族はここに住んでいるんだよ」

洋「そんなの簡単だよ。売ればいい」

紀夫さんは、洋さんのあまりの言葉に、絶句して言葉がでませんでした。

さて、この場合、紀夫さんはどうすればよいのでしょう。

法定相続分による分割

相続人の片方が相続財産である自宅にすでに居住しており、相続後もその自宅に住むことを希望するケースは、よくあることです。長年住み慣れた家は、もはや我が家同然です。親と同居していれば、他の相続人に対して、「親の面倒を見ている」という意識もありますから、親が亡き後も、当たり前のように、その家に住み続けることを期待します。

しかし、子供の誰かが家を継ぐことが当たり前だったのは、もはや遠い昔の話です。現在の相続では、他の相続人の同意がない限り、財産は法定相続分を目安として分割されます。

紀夫さんが高圧的な物言いの洋さんに狼狽する気持ちはわかりますが、「2人で相続すればいい」という洋さんの主張は、正論なのです。

相続後の対応策

▼遺産分割協議がまとまらない場合の問題

これまでお話ししてきたように、相続税の申告期限は、被相続人が亡くなった翌日から10カ月以内です。幸男さんのケースでは、平成29年2月3日が相続税の申告期限であり、この日までに申告と相続税の納付を済ませなければなりません。

幸男さんの相続では、500万円の現預金があります。わずかに税額には足りませんが、手元資金を加えれば、どうにか納税資金を手当てすることができるでしょう。

問題は小規模宅地の特例の適用です。紀夫さんは幸男さんと同居していた親族ですので、遺産分割協議を終えて、申告期限までその家に住み続け、自宅敷地を所有していれば、小規模宅地の特例の適用を受けることができます。しかし、洋さんと話し合いがつかない状態では、この特例の適用を受けるチャンスをいったん逃してしまいます。分割協議を継続し、申告期限から3年以内にまとまれば、速やかに小規模宅地の特例を適用した更正の請求書を税務署に提出し、納め過ぎた相続税を返してもらうことになります。

▼代償分割による対応

紀夫さんは結婚以来長年にわたり、奥様や子供たちとともに両親と同居してきました。今さら住み慣れた家を離れたくないという気持ちです。では、この家に住み続けるために、紀夫さんが取れる対応策はあるのでしょうか。

仮に紀夫さんが自宅の家屋と敷地を全部相続して、それに見合う現金又は別の財産を洋さんに支払う代償分割を行えば、紀夫さんは自宅を手放す必要がありません。代償分割により支払う代償金の金額は、相続税の財産評価額（路線価による評価額）によるか売買時価をとるか難しいところでありますが、通常売買時価のほうが高いので、最低でも自宅の家屋と敷地の財産評価額を法定相続分（1／2）で按分した金額（約4，000万円）を洋さんから要求されることは覚悟しなければなりません。

▼法定相続分による早期解決

紀夫さんには4，000万円という大金はありません。その場合に紀夫さんが取れる次善の策は、相続税の申告期限である翌年2月3日までに遺産分割協議を完了し、自身の相続分について小規模宅地の特例の適用を受けることです。

紀夫さんが自宅敷地（7，500万円）の1／2について小規模宅地の特例を受ければ、相続税の額は次のようになります。

自宅家屋	500万円
自宅敷地（180㎡）	4,500万円【△3,000万円：小規模宅地の特例】
現預金	500万円
課税価格の合計額	5,500万円
基礎控除額	4,200万円
（3,000万円＋600万円×2）	
課税遺産総額	1,300万円
相続税の総額	130万円
洋さんの税額	130万円×4,250万円／5,500万円＝100万4,500円
紀夫さんの税額	130万円×1,250万円／5,500万円＝29万5,400円

545万円であった相続税の総額は、紀夫さんが小規模宅地の特例を受けることにより、130万円に減少します。

小規模宅地の特例を受けた紀夫さんは、相続税の申告期限の2月3日まで自宅に居住し、その敷地を所有し続けなければなりません。紀夫さんが小規模宅地の特例を受けることによって、洋さんの相続税も大幅に少なくなるので、洋さんもそれくらいは納得してくれるでしょう。その後売却を行いますが、このとき紀夫さんの譲渡については、居住している自宅とその敷地を売却することになりますから、所得税の「**居住用財産を譲渡した場合の3,000万円の特別控除の特例**」を受けることができます。

相続前の対策

▼感情と法律は別のもの

最近の相続事案では、法定相続分を主張することが非常に多くなっています。その際には相続財産である宅地に居住している方の行く末が、問題になります。ほかに分割対象になる財産があればよいのですが、そうでない場合、紀夫さんのように唯一の不動産を売却し、その売却代金を分割することになるでしょう。

法定相続分を主張すること自体を、非難することはできません。相続リスク度70％のところで解説したように、寄与分や特別受益がある場合は、家庭裁判所の調停において法定相続分を寄与や受益の度合いにあわせて調整することになりますが、両親と同居していただけでは、寄与分として加味されることはありません。

遺産分割協議に争いがなく、相続人同士の話し合いによって財産の分割を決めることができるのなら、相続財産は法定相続分に関わらず、自由に分割することができます。仮に洋さんと紀夫さんの仲がよく、両親の面倒を長年見てきた紀夫さんに兄の洋さんが大変感謝しており、気前よく自宅をすべて紀夫さんに相続させると同意すれば、それは有効な分割として成立します。

一方、洋さんにそのような懐の深さはなく、寛容さがはなから期待できないというのであれば、紀夫さんは先を見通して、早期から相続後の準備をしておく必要があるでしょう。

すべては相続人同士の人間関係次第なのです。

相続リスク度 **90** %

◆相続人は複数
◆相続に争いがある
◆相続税を納付できない
◆分割できない財産であり、その処分に合意できない

不動産の処分
平等な分割
共有
延納・物納
分筆
代償分割
連帯納付義務
寄与分
同居相続人

相続人が複数いて、相続財産が分割できない不動産であり、しかも相続税を納付するだけの金融資産がない。ここまでは、相続リスク度50％のところで解説しました。復習になりますが、こういった場合には相続財産をいつどのような形で処分するかを検討すること、相続税の連帯納付義務を考え、相続人同士が協力しあい納税をすることが主な課題になります。しかし、相続人同士の仲が悪く、協力しあえる環境にない場合、課題克服は困難になり、相続リスクは一機に上昇します。リスク度は100％と言いたいところですが、何とかすれば克服できない課題ではないということで、相続リスク度を90％としています。

次の事例で考えてみましょう。

国税明子さんは、平成28年6月4日に、90歳で亡くなりました。明子さんはご主人を亡くしたのちに小さな会社の事務員として勤務し、65歳で仕事を辞めた後は、ご主人の残した預貯金と遺族年金、自分の国民年金で生活していました。

明子さんには3人のお子さんがいます。

長男の幸男さん（67歳）と長女の佳代さん（65歳）は、いずれも遠方に住んでいます。幸男さんは数年前に定年退職し、現在は会社の再雇用制度の下で勤務を続けています。佳代さんは専業主婦、ご主人もすでに退職し、主として年金で暮らしています。お互いに遠くに住んでいるせいか、ほとんど行き来がありません。明子さんの訃報が、家族との久しぶりの会話になりました。

次女の寿美子さん（57歳）は独身で、明子さんと長年同居していました。派遣会社の社員をしており、年収は250万円ほど。蓄えはほとんどなく、明子さんとともに質素な暮らしをしていました。

明子さんの残した財産の相続税上の評価額と相続税額は以下のとおりです。

自宅家屋	200万円
自宅敷地（120㎡）	12,000万円
現預金	100万円
課税価格の合計額	12,300万円

基礎控除額　4，800万円
（3，000万円＋600万円×3）
課税遺産総額　7，500万円
相続税の総額　975万円

法定相続分（1／3）で相続した場合、各々が支払う相続税の額は325万円です。

すでに定年を迎えた幸男さんや佳代さん一家、そして派遣社員の寿美子さんにとって、325万円は大金です。本来であれば、すぐにでも集まって納税のための対策を考えたいところですが、もともとそりが合わないこの3人、電話のやり取りさえ要件を伝え合うだけ。相続対策の話が出たのは、ようやく秋風が吹くころでした。

幸男「おふくろも亡くなったことだし、いよいよ家を処分しなければならないだろう。知り合いの税理士に聞いたところ、遺産分割を終えないと売ることもできないそうだ」

寿美子「さっさと売るといったって、私はこの家に住んでるのよ。そんなに簡単に出ていけるわけないでしょ」

佳代「じゃあ、あなたはこの家に居座るというの？　だいたい、税金はどこから払うのよ。私たちだって、生活に余裕があるわけじゃないし、税金を払う算段をしなければならないのよ。そもそも私たちの取り分だってあるし、親元でさんざん甘えてきたんでしょ。私たちは若いころから独立して自力で頑張ってきたっていうのに」

寿美子「そんなこと言ったって、お兄さんやお姉さんは、私に親を押し付けて、何の面倒もみなかったじゃない。勝手なのはどっちよ。少しは私のことだって考えてくれていいじゃない」

早く出ていけ、出ていかないの押し問答で、話し合いは一向にまとまる気配がありません。

▼相続に争いがある場合の経済的不利益

相続リスク度80％のところで解説したとおり、遺産分割協議は基本的に法定相続分を基準として行います。親の面倒をみたといったところで、それは相互扶助の範囲内のこと。寿美子さんは、自宅に住み続けることをあきらめて、幸男さんや佳代さんに従い、相続をした自宅の処分を進め、納税資金を確保しなければなりません。

その一方で、いくら仲が悪いからといっても、幸男さんや佳代さんが寿美子さんに「家から早く出ていけ」ということは、得策ではありません。相続人のなかで、小規模宅地の特例の適用を受けられるのは、寿美子さんだけだからです。2人が寿美子さんの主張を聞き入れて、寿美子さんを引き続き相続税の申告期限までに実家に住まわせ（そして実家の敷地を所有させ）、実家の譲渡を相続税の申告期限が終わるまで延期すれば、寿美子さんは自分の相続分について小規模宅地の特例の適用を受けることができます。その結果、相続税の額は変わり、次のようになります。

自宅家屋　200万円

自宅敷地（120㎡）	8,800万円【△3,200万円：寿美子さんの小規模宅地の特例】
現預金	100万円
課税価格の合計額	9,100万円
基礎控除額	4,800万円
	（3,000万円＋600万円×3）
課税遺産総額	4,300万円
相続税の総額	494万9,700円

３人の相続税の負担は、４８０万円ほど軽減します。３人が言い争いをやめてお互いに協力しあうことで、これだけの恩恵が得られるのです。

相続後の対応策

▼納税のための協力

相続リスク度70％、相続リスク度80％のところで解説したとおり、相続で争うことにより得られる経済的利益はほとんどないといえます。特に税務面では、配偶者の税額軽減や小規模宅地の特例を受けることができなくなるなど、経済的な不利益のほうが明らかに大きくなります。

問題なのは、争う相続人の方々が、その不利益に気づいていないことです。この事例では、３人の相続税の負担は４８０万円ほど軽減しますが、その恩恵を受けられるのは、小規模宅地の特例の適用を受けられる寿美子さんだけではありません。次の図で、小規模宅地の特例適用後の3人の納税額を比較します。

	小規模宅地の特例適用前	適用後	差額
幸男さん	325万円	223万円	△102万円
佳代さん	325万円	223万円	△102万円
寿美子さん	325万円	48万9,500円	△276万5００円

この差額を知った時、幸男さんと佳代さんはどう考えるでしょう。要は、幸男さんと佳代さんが、自分たちの預貯金からとりあえず納税を行い、当面の間、寿美子さんの税額を立て替えてあげればよいのです。その際の負担はそれぞれ250万円程度です。実家の売却をするまでの間なら、何とか工面できる金額です。

こういった場合、相続人同士が協力することで得られる経済的利益を説明して、3人を説得するのは、相続税の申告を担当する税理士の役割でもあります。私たち税理士の腕の見せ所です。

ところで、相続税申告期限後の売却の際には、幸男さんと佳代さん、寿美子さんの譲渡にかかる所得税には大きな差が出ます。寿美子さんは、相続発生後も実家に居住していたために、①居住用財産を譲渡した場合の3,000万円の特別控除の特例、②居住用財産を譲渡した場合の長期譲渡所得の課税の特例（①を適用後、6,000万円の譲渡所得まで10%の軽減税率を適用）、③相続税の取得費加算の適用を受けることができます。一方、幸男さんと佳代さんが受けられるのは③

のみです。自宅を譲渡し、住み替えをしなければならない寿美子さんには、当然のことながら、所得税法上、手厚い措置が施されています。

相続前の対策

▼法律の理解

相続リスク度70％のところで説明したように、相続人同士の争いのなかには、特別受益や寄与分を巡るものが多いようです。争いの内容を精査すれば、特別受益や寄与分として認められるものもありますが、こうした法律的な手段をかさにした、感情的な主張も多くみられます。これから相続という方は、相続人双方の主張がぶつかり合う場合、遺産分割協議は法定相続分を基準とし、特別受益や寄与分が認められた場合にのみその度合いに応じて相続分が調整されること、ただし特別受益や寄与分の認定はそれなりにハードルが高いということを念頭に、相続に望むべきです。

実家にすでに居住している相続人については、相続リスク度80％のところで解説しました。相続に争いがある場合、相続分を協議する際に、実家に居住していたという事実を主張することはできません。やはり法定相続分を基準とした分割協議が行われることを、覚悟しなければなりません。

第5章

相続総まとめ

これまでの章では、相続の手続きにはじまり、みなさんの家族の相続で相続税の納付が生じるのか、生じるのであればどれくらいの税額を納付する必要があるのかを明らかにし、納税と遺産分割という相続における大きな課題を克服するうえで、どのようなリスクがあるのかを分析しました。

最後にこの章では、将来の相続と相続税の税務調査に備えて簡単にできる日常的な行動、大きなお金を一度に動かすための贈与税の特例、近年注目されている遺言や信託について紹介します。

第1節　相続に備えるための生活の知識

私たち税理士は、お客様から相続について日々、いろいろな質問を受けます。ここでは、こうした質問をいくつかご紹介し、みなさんが将来の相続を見据えて、生活の中で注意すべきお金のやり取りについて解説します。

1．亡くなる直前に預貯金を引き出したら相続税がかからないって、本当ですか？

税理士が相続税の申告の依頼を受けると、相続財産を確定し、相続税がいくらになるかを計算します。その際に預貯金の動きを把握することは、大変重要なことです。納税者にとっても、預貯金の動きが相続税にどのように反映されるかを知ることは大切です。なぜかといえば、預貯金は自由に動かすことができる財産、となれば、申告漏れが生じやすく、相続税の申告書を見るうえで、税務当局が最も注目する点だからです。

第2章の財産評価のところで紹介したように、相続税の申告の際には、財産の評価は亡くなった時の時価で行います。つまり預貯金については、被相続人が亡くなった日の残高が評価額になるのです。ではそれだけでいいのかといえば、答えは否です。

預貯金はいつでも自由に移動して、残高を減らすことが可能です。税金逃れも簡単にできるということです。そのため、現預金の場合には、亡くなった日（「**相続開始日**」）の残高もさることながら、その前の預貯金の動きを確認し、取引の内容を確認したうえで、必要に応じて被相続人の財産として申告しなければなりません。

税務当局は税務調査の対象を選定する際に、被相続人の生前の所得税等の過去の所得を確認し、預貯金等の残高を推定します。ですから、申告漏れを防ぎ、納税者のみなさんが税務当局からペナルティーを課されないようにするために、現預金の動きを前もって調べることは、私たち税理士が相続税の申告書作成するにあたって大切な作業なのです。

いわゆる都市伝説のように「お父さんが亡くなったら現金が引き出せなくなるから、亡くなる数日前に葬儀費用や病院代などのために、お父さんの銀行口座から現金を引き出しておこう、そうすれば相続の際に財産にならないから」なんていう話をする方をみかけます。しかし、そんなおいしい話が通るほど日本の税務当局は甘くはないのです。

1日当たりのＡＴＭでの現金引出限度額の50万円を、お父さんの預金口座からせっせせっせと数日に渡り引出し、よし、これで準備万端と思いきや、申告を担当した税理士から「この引き出しは何ですか?」と質問され、「現金として相続財産になります」との説明を受け、愕然とすることになります。

このように、相続開始日の財産とはいえ預貯金については過去に遡ることがあり、思いがけない結果になることが多々あります。

2. 亡くなる直前に財産をあげてしまえば相続税がかからないって、本当ですか?

「私も老い先短いようだ、貯めたお金があるからみんなにあげてしまえ」。このような相続対策(対策にはなっていませんが)を考える人は案外多くいます。そこで亡くなる直前の贈与による税金逃れを防止するのが、生前贈与加算です。

財産を減らすには生前に贈与すればいいのは確かです。では、みなさんはいつごろ贈与するでしょう。若い頃から対策を考えて贈与をするかといえば、たいていの人はそうではありません。誰でも若いときは将来の相続など考えずに日常の生活に追われ、仕事に追われ、子供を育て、家を買い、家族旅行に行き、経済的にはあまり余裕がないので、将来の相続なんて考えていません。年をとり、体調が悪く病気がちになり、そろそろ貯蓄もでき、経済的に余裕ができた頃に将来の相続を考えます。考えることは誰でも一緒です。

では、生前に贈与したら相続税は課税されないのでしょうか? いいえ、相続税には「**生前贈与加算**」といって、「相続開始以前3年間に行われた贈与は相続税の対象にします」という法律があります。ですから亡くなった日から遡って3年間になされた贈与はすべて、相続財産としてカウントされるのです。贈与税は相続税を補完するための税金として位置づけられていますから、贈与によって相続税を免れるなんて、本末転倒というわけです。ただし、相続人以外の方で、遺贈により財産を受け取られていない方に行った贈与であれば、生前贈与加算の対象にはなりません。

3. 現預金の取引では、日常どのようなことに注意したらよいのですか？

私たち税理士が相続税の申告を依頼されたときに、お客様に提出をお願いする書類に、銀行や郵便貯金の通帳のコピーがあります。被相続人の口座のみならず、相続人の口座についても場合によっては必要になります。またケースにもよりますが、5年から10年分くらいのコピーを提出していただきます。税務署の調査の場合には、ばらつきはありますが、最低5年分程度の提出を求められると考えておけばよいでしょう。

なぜ、このように長期間の通帳のコピーが必要なのか、それは先ほどお話ししたように、申告漏れを防止するためと、税務調査の可能性を考えてのことです。

通帳などの資料で確認するのは、イレギュラーな金額の引き出しや振り込みです。費消してしまったのか、手元に置いてあるのか、だれかに贈与したのかなど、細かく質問をしてその税務上の取り扱いを検討します。

どのくらいの金額が問題かというのは、その家庭によって違うために、一概にはいえません。

生活費が毎月30万円という家庭もあれば、３００万円使いますという家庭もあるでしょう。ですから金額の多寡というより、普段とは違う引き出しや送金に注目します。毎月の預貯金の動きと違う引き出しまたは振込があった場合には、すべてチェックされると考えて下さい。そこで各々の引き出しや振り込みがなんであったか、まず税理士に説明できるように、記入しておくことが大切です。このとき、なかにはそのまま税務署に見せるといやなものがあるかもしれませんから、「鉛筆で」書いておいたほうがよいでしょう。

税務調査で調査官に請求されたら仕方がないにせよ、納税申告をお願いする税理士に家族の口座の中身を提示することに、抵抗を感じる方も少なくありません。なかには隠しておきたいお金のやり取りもあるかもしれませんし、隠し通せるものなら隠して税金を減らしたいと考える方もいると思います。

しかし、調査は非常に緻密に行われますから、隠せることはないと思っておいてください。税理士にも相談せずに調査を迎えるということは賢明ではありません。たとえば申告漏れが調査段階で発覚した場合には、税金だけではなくペナルティーが課されます。ですから、まず相続財産を把握する段階で、私たち税理士は、すべて開示してくれるようお願いします。そこからできることを一緒に考えていきましょう、ということです。

税務調査によって申告漏れが発覚した場合、通常は納税者のほうから、「以前提出したものは誤っていたので、正しい申告書を再提出します」ということで、「**修正申告書**」を提出します。この時、税額が増えるのであれば、「**過少申告加算税**」といって追加納税額の10％または15％に当たる税金が加算されます。また、「**仮装隠ぺい**」といって、偽りの書類を作成したりして財産を隠し、それが悪質と判断されたときには、過少申告加算税に代えて「**重加算税**」という税金が課されます。この税率は、追加納税額の35％から40％です。さらに申告期限から追加税額を納付した日までについては、税金の納付が遅れたことについて、「**延滞税**」が年7・3％又は14・6％（但し、特例基準割合＋1％の場合には2・8％又は9・1％）の割合で課税されます。

こうしたペナルティーは、いろいろな税目に共通の罰則なのですが、相続税の場合には、これに加えて、配偶者の税額の軽減の規定が適用されなくなるというデメリットをこうむります。第3章でご紹介したとおり、この規定によれば、亡くなった方の配偶者は、1億6，000万円又は配偶者の法定相続分までは、相続税が課税されません。最初に行う相続税の申告の時に、すべての財産を隠さずに申告をした場合にはこの規定が適用できるのですが、仮装隠ぺいを行い、誤った申告をした場合には、その隠ぺいしたり仮装した財産について、この規定の適用を受けられなくなります。

ペナルティーを払わなければならないばかりか、配偶者の税額軽減が受けられなくなるのでは、泣き面に蜂です。「最初から包み隠さず名義預金やたんす預金を申告をしておけばよかった」と後悔することになります。税務署の宣伝をするわけではありませんが、財産を隠そうなどとは思わないのが賢明です。納税者にとってあまりにも代償が大きくなるからです。

4. 名義預金は被相続人の相続財産ですか？

イレギュラーな預貯金の動きの中で、やはり問題が多いのは、家族に対する預貯金の移動です。たとえば家族の名義で作った口座にお金をためていくというケースはよくありますが、このような取引は相続税の申告上、どのように判断されるのでしょうか。

税法の世界では、「実質所得者課税の原則」という基本的な考え方があります。これは税務の世界では、財産の名義が誰であろうと、その財産の「実質的な所有者、実質的な取引者」を峻別してその人に課税をしますという考え方です。

ですから、税務上は、被相続人が家族の名前の預貯金口座にお金を動かしても、その預貯金口座を実質的に管理されているのが被相続人であれば、その口座の所有者は家族ではなく、被相続人と認識される場合があります。いわゆる「**名義預金**」または「**借名預金**」と呼ばれるものです。

名義預金として認識されると、その預金はたとえ亡くなった方のご家族の口座であっても、亡くなった方、つまり被相続人の相続財産として、課税の対象になります。

たとえば、第2章、第3章に登場した相続一郎さんの話を思い出してみましょう。一郎さんは息子さんや娘さんにたくさんのお金を贈与していました。証券取引からずいぶん利益も得ていたようです。果たしてお孫さんたちの名前で口座を作り貯蓄をして、ご自分でその通帳を管理していたということはないのでしょうか？　もしあったとしたら、それは名義預金です。一郎さんの預貯金として相続財産に組み込まれます。

では、どうすればその預金が「実質的にも」お孫さんのものになるのでしょうか。一郎さんは何も対策を打てないのでしょうか？

その場合には、贈与をすることです。

まず、年間110万円の贈与税の非課税枠内での移動を考えます。相続税に比べて贈与税の税率は高いのですが、それは同じ金額に対する税率を比べた場合です。贈与税には年間110万円までの贈与は非課税という規定があります。第3章第5節の相続税の計算プロセスからみる節税のヒントのところでも解説しましたが、まとまった財産がある場合、それを毎年少しずつ贈与していけば、非課税または相続税よりも低い税率で財産を移動することができる場合があります。

5．被相続人から頂いたお金は、すべて贈与になってしまうのですか？

ところで、親子間の金銭のやり取りは、すべて贈与税の対象と考えなくてはならないのでしょうか？　両親と外食に出かけたら食事代を払ってくれた、子供が入学したときに、おじい様がランドセルを買ってくれた……。これらがすべて贈与として贈与税がかかるのでは、たまったものではありません。家族の間の預貯金などのやり取りで贈与にも該当しない、しかし相続財産にも組み込まれないという場合があります。

親子のみならず、親族というのは「**相互扶助**」の関係にあります。これは民法で決まっていることで、家族はお互いに助け合って生活していかねばなりませんよ、ということです。ですから毎月の生活の援助のために行っている金銭の供与は贈与にも該当しませんし、相続財産とも認識されません。

ここで大切なのは、「必要な都度あげる」ということです。たとえば毎月の生活費ということで、12カ月分まとめて一度に振り込みました、というようなものは認められません。

相互扶助の考え方が該当するのは、生活費だけかといえば、一概にそうとはいえません。たとえば入学とか留学などはどうでしょう。私立の大学の医学部に入学する入学金を祖父母が負担してあげるケースなどはかなりの高額になりますが、高額でも「必要な都度あげて」いれば、相互扶助として一般的には認められると考えてよいでしょう。

税務の世界では、「社会通念上合理性があるか」ということを、しばしば判断の基準とします。つまり常識の範囲内かどうかということです。社会通念に照らして妥当であれば、問題ありません。言い換えれば、みなさんの常識で考えてちょっとおかしいだろうと思うことは、税務の世界でもおかしいと考えられると思ってください。

6. へそくりに税金がかかると聞いたのですが、本当ですか?

ご主人が奥様に生活費を渡している家庭は多いと思います。ところで、奥様がご主人から預かった生活費の中でがんばってやりくりをして、へそくりをためたとしましょう。奥様としては、自分の裁量でやりくりして貯めたのだから自分のものではないかと思うのですが、さて、これはご主人の財産となってしまうのでしょうか。

奥様としては、先ほどの「相互扶助」を主張したいところでしょう。しかし残念ながらこれは、相互扶助とはいえません。

相互扶助とは、「必要な時に必要なだけ」渡すものです。生活のために費消した部分は必要な金額ですが、残った部分は生活には必要でなかった部分といえます。またこの金銭のやり取りを別の視点から見れば、ご主人は奥様にお金を預けただけで、奥様は必要な分を使い残りはとっておいたのだということもできます。するとこれは、先ほどお話しした名義預金を構成することになります。

著者が担当した相続税の申告で、奥様がご主人から受け取った生活費を何十年にもわたって貯蓄していて、へそくりの総額が5，000万円にもなっていたことがありました。会社を営むご主人から毎月50万円ほどの生活費をもらっていたのですが、実際に生活費に使っていたのは35万円程度だったのです。これは明らかにご主人の財産、つまり相続財産と考えます。

私たち税理士が相続税の申告を担当させていただくと、奥様の通帳のコピーも拝見し、多額の預貯金があるようであれば、職業はなんであったのか、奥様方の相続で受け取った財産はなかったかなど、奥様の資産形成源を確認します。ここでふたたび、第3章の相続一郎さんのエピソードを思い出してください。奥様の花子さんは専業主婦であったにも関わらず、「ある程度のたくわえはあるから、生活に困らない」旨の発言をしていました。税理士がその場に同席していれば、「そのたくわえはどのようにおつくりになったのですか?」と伺うところです。へそくりであれば、そのへそくりは一郎さんの相続財産に預貯金として組み込まれます。

ところで、夫婦であれば、配偶者の税額軽減があります。花子さんのへそくりを一郎さんの財産として相続税の申告をしても、花子さんが相続で譲り受けた財産の価額が1億6，000万円または配偶者の法定相続分（花子さんの場合は1／2）のいずれか大きい方の金額までは、税額が控除されます。結局、花子さんは何も心配することなく、そっくりそのままへそくりを自分のものにできると考えられないでしょうか。

たしかにこの考え方は間違ってはいないのですが、相続財産が多い場合などは、配偶者の税額軽減の範囲を優に超えてしまう場合があります。花子さんが果たしていくらのへそくりをしていたのか。また、第3章の相続税額の計算のところでお話ししたとおり、財産の総額を法定相続分で分割し、各人の法定相続分について超過累進税率で税額を計算する相続税では、へそくりで相続財産が増えれば、全体の税額も上がります。一郎さん、花子さんに聞いてみないことには、まだまだ安心とはいえません。

いずれにせよ、奥様が当たり前のように「もらったもの」として蓄えていたものが、ご主人の財産として相続の際に課税されるということは意識しておく必要があります。

では、へそくり対策というものはあるのでしょうか？

まずは、贈与をしておくことです。また、多額の現金が手元に残ってしまっているような場合には、第2章第7節の財産評価額から考える節税のところで説明したとおり、相続時の評価が低いものに替えてしまうことです。相続の時には、それぞれの財産は相続税法という法律の中で決められたルールのもとに、時価、平たくいえば売却価格で評価されることは、すでにお話しした通りです。預貯金で残っていれば100万円は100万円の価値ですが、同じ100万円で宝石を買えば、その宝石は100万円では売れません。時価はぐっと下がります。一郎さん、花子さんに指輪でも買ってあげるという手があります。ただし、金など換金価値が高いものは、相続開始日の売買価格で評価がされてしまいますから、お勧めしません。

第2節　贈与

この節では、みなさんが後日の相続税の納税申告や税務調査に備えて、贈与をきちんと成立させるために行わなければならないこと、そして暦年贈与とは別に、大きなお金を一度に贈与するために設けられている贈与税の特例を紹介します。

1. 贈与を成立させるための3要件

私たち税理士が相続税の申告のためにお客様に「〇〇円が△年△月△日にお父様からあなたの口座に振り込まれていますが、これは何のためのお金ですか？」と尋ねると、「それはお父さんがくれたものです」と答える方がいます。しかしそれだけで、その金額がたしかに贈与であったとは確認できません。それでは、贈与が有効に成立していることを証明するには、どのような根拠が必要なのでしょうか。

まず、贈与というのは、あげる「**贈与者**」ともらう「**受贈者**」が、双方とも承諾して行われる法律行為です。ですから「一方があげて、相手がもらった」、という状態にならなければなりません。その意味で、贈与契約書を作成して、当事者双方が「あげました、もらいました」ということを書類として残すことが必要です。

では、契約書を作成することで、贈与が有効に成立したといえるかというと、税務の世界では、契約書だけでは不十分です。名義預金のところで出てきた「実質所得者課税の原則」を思い出してください。贈与によって、「実質的な財産の所有者が移りましたよ」ということを示さなければならず、もらったほうが自由に贈与された財産を処分できる状態にする必要があるのです。

たとえば、一郎さんが良子さんのお子さん名義の口座を作り、そこに毎年110万円貯蓄し、預金通帳はご自分で管理するというのではダメなのです。お孫さん自身が通帳と印鑑を管理するなどして、自分で自由にお金を「処分できる状態」にしなければなりません。こうお話しするとよく、「子供に無駄遣いさせたくないから」、という親御さんがいますが、税務の世界ではこれは大変重要な点です。贈与を成立させるには、もらった相手が名実ともに財産の所有者になることが必要なのです。

もう一つ、贈与であることを明らかにするための要件があります。

私たち税理士は、110万円ギリギリの金額の贈与を考えるのであれば、111万円の贈与をして、翌年の3月15日の申告期限までに贈与税の申告をして、1，000円の税金を支払うことをお勧めします。税務署に対して贈与の履歴を残すためです。

①贈与契約書の作成、②貰ったほうがその財産を自由に処分できる状態であること、③贈与税の申告、贈与を成立させるためには、この3要件をみたしておく必要があるのです。

2. 贈与税の申告

贈与税の申告と税金の納付は、もらったほうが行います。お孫さんがおじい様から贈与を受ければ、お孫さんが申告と納税を行います。

たまに勘違いする方がいますが、毎年の贈与税の対象となる金額は、「贈与を受けた人がその1年間に贈与された総額」です。たとえば、ある年にお孫さんが、祖父母から100万円ずつの贈与を受けたとします。その場合は、それぞれ110万円以下だから非課税というわけではありません。お孫さんにとっては1年間に100万円×2=200万円の贈与を受けたわけですから、200万円を基礎に贈与税額を計算して申告納税を行います。

また、贈与税の申告は、贈与を受けた年の翌年2月1日から3月15日の期間内に行います。

3. 贈与の時効

贈与を立証するためには、前述のように、贈与の3要件を満たした贈与を行わなければなりません。このようにお話しすると、「契約書も申告もしていない、だけれどこのお金はずいぶん前に○○にやったものだから、もう贈与の時効だ。税務署に調査されても大丈夫だ」とおっしゃる方がいます。

贈与の時効については、いろいろな意見があたかも都市伝説のようにあります。国税通則法及び相続税法では、贈与税の時効は6年ないしは7年の場合がありますが、7年と考えて下さい。

一方、実務の世界では、一般的に贈与には時効がないといわれています。親族の間のお金をはじめとするもののやり取りは、なかなか贈与とは認められないからです。

先ほど説明した贈与の3要件が整っていれば別ですが、そもそも要件が具備されていれば、時効が問題になることはないでしょう。3要件を具備していない取引の場合、贈与の事実が証明できないわけですから、税務署が「あなたの取引は贈与でした」と認めることは、まずありません。したがって本人がいくら「これは贈与であった」と頑張っても、そもそも贈与と認められなければ、贈与の時効は成立しません。

一方で、税務当局が金銭の贈与をつぶさに調べることは、非常に困難であることも事実です。国民の預金通帳を一人一人毎年確認するわけにはいきませんから、税務当局が「あなたは今年贈与税の申告をしませんでしたね。申告漏れですよ」ということはないでしょう。相続税の納税申告をして調査があって初めて、過去の贈与が俎上に上がるというわけです。

しかしこの状況は、マイナンバー制度の導入や改正マイナンバー法の施行により、ガラリと変わる可能性があります。

マイナンバー制度に関する現在の法律では、預貯金に対してマイナンバーの付番はされません。しかし平成27年9月に国会を通過した改正マイナンバー法が施行されると、平成30年からは、任意で預貯金に対する付番が可能になります。その先には強制的にマイナンバーと預貯金口座が紐づけされて、税務当局が国民の預貯金を全て簡単に把握できるようになることが予測されます。こうなると申告漏れなども容易に把握できるようになりますから、ますます贈与税の申告が大切になるでしょう。

大きな金額の移動や支払について、将来はある日突然に税務署から「あなたの何月何日に支払った何百万円の内容は何ですか」という質問があるかもしれません。大きな資金の移動については、メモでもかまいませんので、資料を残しておくことをお勧めします。

4. 親族間の借入

あるとき、顧問先のお客様とそのお嬢様から、不動産購入に関する相談をうけました。就職をしてからすでに10年ほど経ったお嬢様は、祖父母からの贈与もあって、1,000万円ほどのたくわえを持っていました。「もうそろそろ独立したいので、マンションを購入しようと思います」といいます。長くおつきあいのある方でしたので、内心（大きくなったなあ）としばし感慨にふけったものです。

購入の計画を伺うと、物件は5,000万円程度、手持ちの1,000万円とお父様から「住宅取得資金の贈与税の非課税」の特例を使って1,000万円の贈与を受け、残りの3,000万円のうち1,000万円は住宅ローンによって賄い、2,000万円はお父様から借り入れをする、取得物件の不動産登記はすべてお嬢様の名前で行うとのことでした。

この場合、お父様からの借入金は贈与と認定される可能性が高いといえます。一般的に、親が子供にお金を貸した場合、返済を期待しないことが多いからです。「簡単な契約書を作れば、不動産業者は問題ないといっていた」とのことですが、それだけでは十分とはいえません。贈与ではなく借入金であると主張するためには、

①金銭消費貸借契約書を作成すること
②①を作成後、公証役場で「確定日付」をとること
③送金、返済は銀行からの振込みとすること
④返済は当初定めた金額を毎月返済すること

以上の条件を具備する必要があるでしょう。契約書を作れば、借入金の名目でお父様からお金をもらえるというわけではないのです。

また、金額が多額である場合、返済額からみて返済期間が何十年もかかるようなときは、形式上金銭の貸し借りの形を取っていても、実態は贈与とみなされる場合がありますので、返済期間にも注意が必要です。

第3節 贈与の特例

ここまでは主として普通の贈与（暦年贈与）について、お話ししてきました。暦年贈与は少しずつ被相続人の相続財産を減らす限りにおいては、大変有効な手段です。しかしこれには時間がかかります。大きなお金を一度に減らすことはできません。税金を心配することなく多額の現預金を一度に贈与するためには、贈与の特例の利用を検討すべきです。

1．直系尊属から教育資金の一括贈与を受けた場合の贈与税の非課税

俗に教育資金の一括贈与の非課税の特例といわれるこの制度は、まとまったお金をお子さんやお孫さんの教育資金として贈与するための有効な手段です。こうお話しすると、「でも家族は相互扶助の関係にあるのだし、社会通念上問題がなければ高額なお金の供与も税金がかからないのなら、何もこのような特例が導入される必要はないのではないだろう」という方がいます。

しかし、相互扶助では、必要な額を必要なときにあげなければなりません。それに比べて教育資金の一括贈与の非課税の特例は、今必要ではないが将来必要となる教育資金を一括で渡せる、というところに、相互扶助との最大の違いがあります。

細かい条件はありますが、たとえば、おじい様がお孫さんに最大1，500万円をまとめて特例を使って贈与すれば、おじい様が亡くなった後も、教育資金として課税されることなく使い続けることができます。贈与は金融機関等を介して行います。

また教育資金として一括贈与を受けたら、一切の相互扶助が受けられなくなるというわけでもありません。今必要なお金を渡す相互扶助と組み合わせて、活用することができるのです。

この特例の範囲となる教育資金は、①保育園や小学校といった学校等の入学金や授業料、学用品の購入などの費用、②塾やスポーツクラブなど、学校に限らず教育に関するサービスの提供や施設の使用、またこれらに付随する物品の購入など、多岐にわたります（②の目的の限度額は500万円です）。教育資金といってもかなり幅広く使え、まとまった金額を非課税で動かせるというのは、大きなメリットです。

ただし、この特例の期限は平成31年3月31日なので、利用するならば早めがよいでしょう。また、この受贈者が30歳になった時点で残高があった場合には、贈与税が課税されますので、注意が必要です。

2．直系尊属から結婚・子育て資金の一括贈与を受けた場合の贈与税の非課税

平成27年4月1日より実施されたこの制度は、20歳以上50歳未満の子供や孫が両親や祖父母から受けた結婚・子育て資金の贈与を対象とするものです。非課税限度額は1，000万円です。

受贈者は、金融機関等と一定の契約を取り交わして、受贈者名義の口座に贈与者（父母や祖父母）から金銭等の贈与をうけます。受贈者が金融機関等を経由して結婚・子育て資金非課税申告書を提出することにより、限度額までの贈与について、贈与税が非課税になります。但しこの制度では、贈与者が死亡した場合には、残高が相続財産に加算されますのでご注意下さい。

この制度の期限も平成31年3月31日までです。

3．直系尊属から住宅取得資金の贈与を受けた場合の贈与税の非課税

この制度は、20歳以上の受贈者がその両親や祖父母から金銭の贈与を受け、その金銭を使ってご自分の居住のための家屋を新築、取得、増改築等した場合、一定の要件を満たすときには、贈与を受けた金額のうち一定の金額を非課税にする、という制度です。

非課税限度額は、省エネ等住宅とそれ以外の家屋により異なりますし、消費税の10％への増税

の前後でも異なります。非課税となる金額については、建築業者や税務署に確認することをお勧めしますが、平成28年であれば、一般は７００万円、省エネ等住宅は１，２００万円です。

この制度の期限は、平成31年6月30日です。また、制度の適用を受ける贈与を行った場合、所定の書類を具備した贈与税の申告が必要です。

4．夫婦の間で居住用の不動産を贈与したときの配偶者控除

これは夫婦間のみで有効な規定です。20年以上の婚姻関係のある夫婦間において、国内の居住用不動産あるいは居住用不動産を取得する金銭を贈与した場合、贈与金額から１１０万円の基礎控除以外に、２，０００万円を控除して贈与税を計算することができるという規定です。

この規定の適用には、所定の書類を具備した贈与税の申告が必要です。

5．相続時精算課税制度

現在の日本は高齢化が進み、預貯金を含め高齢の方が資産を抱え込んでいる状況です。高齢になればあまりお金を使うということもありませんから、資産保有から期待される消費も活発に行われません。「相続時精算課税制度」は、高齢の方が保有する資産を早期に若い世代に引き継いでもらうことを促し、消費を活発化することを目的として作られた特別な制度です。ですから、これまでお話ししてきた贈与とは性格が異なります。

贈与者は60歳以上の祖父母又は両親、そして贈与を受ける側は20歳以上の子または孫でなけれ

ばなりません。また、特定の人からの贈与について相続時精算時課税を適用するかどうかを決めることができます。たとえば、お子さんがお父様からの贈与には相続時精算課税制度を、お母様から贈与は暦年贈与を受けるようにすることが可能です。ただしいったん相続時精算課税制度を適用すると決めた人からの贈与については、普通の贈与（暦年贈与）と併用するとか普通の贈与に戻すことはできませんので、注意が必要です。

相続時精算課税を使って、たとえばお父様から息子さんに5，000万円のお金を贈与するとしましょう。すると2，500万円までの贈与については税金がかからず、残りの2，500万円について20％の税率で贈与税が課税されます。ですから、贈与を行った時に、息子さんは500万円の贈与税を納付します。しかしそれで終わりではありません。お父様が亡くなったときに、5，000万円の贈与財産を相続財産にもち戻して、改めて相続税を計算し、以前支払った贈与税との精算を行うのです。納付してあった20％贈与税（500万円）は、あくまでも仮払いということです。

この制度の適用を受けた資産は、贈与時の価額で相続財産にもち戻されます。ですから、土地や金融資産などは、贈与した時よりもその後資産価値が下がってしまう可能性があるので、この制度の利用が不利になる結果になりかねません。また、相続時精算課税に係る贈与により取得した宅地等については、小規模宅地の特例の適用を受けることができません。

一方、被相続人が将来にわたって利益を生む資産を持っていて、被相続人の財産を増やしたくない、住宅資金などまとまったお金を、相続を待たずに親から貰いたいといった時などは、活用を検討する価値があります。

いずれにせよ、特徴のある制度ですので、利用する時は税理士のアドバイスを受けることをお勧めします。

第4節 遺言と信託

人は生活の中でいろいろなお金のやり取りをします。名義預金、贈与など、これから被相続人となる方、つまり財産を残すほうとしては、やはり自分の築き上げた財産を自分の希望通りにご家族に残したいという意思のもとに、こうした取引をするように思います。そこで何を誰にいくら残したいかという被相続人の意志表示として、昨今注目されているのが、遺言です。実際、活用する方も増えています。

私たち税理士も、日々の業務の中で、遺言作成をお手伝いする機会が増えています。生前には自分の考えで家族に贈与することができますが、自分がなくなった後にも、自分の思う通りに財産を譲りたいというのであれば、遺言書を作成して遺贈を行わなければなりません。

ところで、遺言は未成年者でも15歳以上であれば作成することが可能です。

1．遺言の種類と選択

遺言には①自筆証書遺言　②公正証書遺言　③秘密証書遺言の3通りの形式があります。また、この3種類の遺言とは別に「危急時遺言」がありますが、一般的にはこの3つを使うと考えて下さい。

ではこの3つの遺言の種類のうち、どれがみなさんにもっとも適しているのでしょうか。税理士の立場からは、公正証書遺言をお勧めします。公正証書遺言は公証役場で公証人に遺言の内容を伝え作成してもらうものです。費用はかかりますが、公的な遺言を作成できるため、有効性が確保できるからです。

公正証書遺言の作成をされる公証人は、法務大臣が任命する公務員で判事経験者、検事経験者、法務省職員から任官されます。ですから公正証書遺言については、内容、保管、秘密が守られ、相続開始時に家庭裁判所の検認作業が要りません。また全国のどこの公証役場でも確認がとれます。

自筆証書遺言や秘密証書遺言だと、紛失や第三者による破棄・変造の心配がありますし、書式に不備があると遺言自体が無効になってしまいます。公正証書遺言であればこうした心配はありません。このような理由から、公正証書遺言の作成件数はここ数年、毎年1万件近く増え、平成26年には10万件を超えています。

〈遺言公正証書作成件数の推移〉	
	全国・遺言公正証書件数
平成17年	69,831
平成18年	72,235
平成19年	74,160
平成20年	76,436
平成21年	77,878
平成22年	81,984
平成23年	78,754
平成24年	88,156
平成25年	96,020
平成26年	104,490

（日本公証人連合会のHPより）

2. 公正証書遺言の作成

公正証書遺言の作成には、２人の証人が必要です。未成年者や相続人その他の親族は、証人になれません。私たち税理士が公正証書遺言の作成のお手伝いをするときには、税理士事務所の職員が証人として公正証書遺言の作成に立ち会うこともあります。

また、公正証書遺言の作成では、公証人役場に作成費用を支払わなければなりません。費用はその遺言内容、相続人の人数等により規定がありますが、だいたい数万円です。公正証書遺言のメリットを考えれば、妥当な金額であるといえます。

ちなみに、公正証書は保管期間が原則20年と定められています。しかし公正証書遺言の場合には相続開始によって効力が発生するため、実務上は20年を超えて保管されているのが通常です。

また、各公証役場で保存期間が異なるようですが、遺言者の年齢が１００歳になるまでは保存されているようです。

３．公正証書遺言の作成上の注意点

公正証書遺言を作成する場合、注意しなくてはならないことがあります。それは、遺留分を侵す遺言の作成です。

遺留分とは、遺贈があった場合にも相続人が自己のために確保できる相続分のことをいいます。遺留分は、通常はその相続人の法定相続分の半分、父、母のみが相続人の場合には法定相続分の３分の１です。また兄弟姉妹には遺留分がありません。

遺言を作成する時には、この遺留分に留意しなければなりません。よく、長男に多くあげたいので他の子供にあげる分は少なくしたい、というようなことがあります。しかしそれぞれの相続人にはこの遺留分があり、最低でもこの遺留分以上の財産の遺贈を考えるべきです。

最近では、この遺留分のことをご存知の方も多く、遺言による遺贈を受けた場合に、「自分の取り分が遺留分に満たない」といって相続人同士でもめることがあります。遺言書を作成する時は、相続人の遺留分について配慮することをお勧めします。

また、遺言書は包括的網羅的でなければいけません。特定の財産のことだけを決めてしまい、他の財産についての記載がない場合には、その財産について相続開始後に相続人間で遺産の分割協議をしなくてはなりません。

4．遺言作成における税理士の関与

公正証書遺言の準備には信託銀行、司法書士、弁護士、そして税理士がかかわることが多いようですが、他の専門家に比べて税理士がかかわるメリットは、遺言作成段階から、最終的な税額までも予測して、遺言作成者にアドバイスができるということです。また、二次相続を考えた遺言・相続後の所得税・消費税を有利に考えた遺言・税務上の特例をうまく生かした遺言等を考えてのアドバイスも可能です。

もちろん、遺言作成者の意思は最優先されるべきです。しかし中には、税額が高額になることを知らずに財産の分け方を決めてしまう方がいます。課税関係を整理したうえで誰に何を残すかを決めるためにも、税理士が関与したうえで遺言を作成したほうがよいでしょう。

5．税理士と考える遺言の作成事例

①孫に財産を譲る

85歳の斎藤久子さんは、自宅と自宅敷地（150㎡）を所有し、長男の伸郎さん（60歳）一家と同居しています。この土地の相続税上の財産評価額（小規模宅地の特例の適用前）は、約1億円です。また、久子さんはこの宅地以外にもう1つ、やはり財産評価額が約1億円の土地を持っています。久子さんにはこの2つの宅地以外に相続財産はありません。同居する伸郎さんに生活の面倒を見てもらっています。

伸郎さんは会社経営者。とても裕福な方で、すでにご自分の相続についても、「税金がかかなりでるだろうなあ」と心配しています。伸郎さんのお子さんは2人。2人ともおばあ様と仲良しです。

久子さんのもう1人のお子さんは、雅史さん。出版社に勤めています。雅史さんは、久子さんが所有するもう1つの宅地（150㎡）に自宅を建てて住んでいますが、独立した生計を営んでいます。雅史さんもある程度のたくわえがあるので、久子さんが亡くなっても、相続税を払うくらいの余裕はありそうです。雅史さんにはお嬢さんが1人。やはりおばあ様とは仲良しです。

このたび久子さんは、ご自分の財産を遺贈するための公正証書遺言を作成しようと考えました。「遺言を作るからには、税金のこともきちんと考えないと」。伸郎さんとともに税理士に遺言の作成を相談することにしました。

久子さんの考えは、伸郎さんと雅史さんのそれぞれに2つの土地を平等にあげるというものでした。金額もほぼ同じですから、まったく問題はないでしょう。

久子さんから伸郎さんへの相続で問題になるのは、伸郎さんがすでに多額の資産を持っているということです。これ以上伸郎さんの資産を増やしてしまうと、伸郎さんから2人の息子さんへの相続のとき、相続税が高額になることが懸念されます。

そこで考えられるのは、伸郎さんを飛び越えて、久子さんから伸郎さんの2人の息子さんへの自宅敷地の遺贈です。遺言を作成すれば、相続人以外の人にも財産を譲ること（遺贈）が可能になります。

もちろん伸郎さんのお子さん（久子さんの孫）は久子さんの相続人ではありませんから、「相続税の2割加算」の適用を受け、納付する税額は2割増えてしまいます。しかしお孫さんたちも伸郎さんとともに、久子さんと同居する親族であり、生計を一としていますから、「小規模宅地の特例」の適用を受けることができ、自宅敷地の評価額は2，000万円に減額されます。

一方、雅史さんの取得する宅地に、小規模宅地の特例の適用はありません。雅史さんの宅地の評価額は1億円となるので、2割加算の対象にならないように、雅史さん自身が遺贈により取得するのが賢明です。

②遺留分を侵した遺言

被相続人である佐藤庄之助さん（90歳）は、税理士と相談したうえで、「同居している二男の信弘さん（独身）に全ての財産を遺贈する」という遺言を残し、亡くなりました。

相続人としては奥様（85歳）、長男の隆さん（65歳）、次男の信弘さん（63歳）の3人がいるのですが、長男の隆さんは離れた場所に家族と住んでおり、被相続人とは疎遠であったために、遺言の存在も知りませんでした。

隆さんは専門家に相談し、近くの公証役場に行き、公正証書遺言が作成されているかどうかの確認をしました。公正証書遺言の場合には、全国どこの公証役場でも遺言者の公正証書遺言の確認をすることができます。

隆さんは、入手した公正証書遺言が「全財産を二男の信弘に」という内容であり、これを承服できなかったため、家庭裁判所に「遺留分の減殺請求」の手続きをとりました。遺留分の減殺請求とは、遺言により遺留分を侵害されている相続人が、他の相続人に対して、自分の相続分を渡すように申し出ることをいいます。もちろん、家庭裁判所の調停手続きをしないで直接相手側と交渉することは可能です。

遺留分の減殺請求は、相続開始があったことを知った日から1年または相続開始のときから10年以内ではなくてはなりません。なるべく早く、申立てと相手に意思表示をする必要があります。では、なぜ税理士が関与していながら、公正証書遺言なのに遺留分を侵す遺言の作成をしたのでしょうか。

遺留分を侵した遺言は、無効ではありません。そして遺留分とは、遺留分を侵された方（この場合は長男の隆さん）が減殺請求をした時に初めて、渡さなければならないものです。そして、上述の期間内に減殺請求が行われなければ、遺言通りの内容になるのです。庄之助さんと担当税理士にとって隆さんからの減殺請求は想定内のこと、その上で「万が一減殺請求が行われない可能性」に賭けたのです。まさに確信犯といえます。

③家族信託の利用（後継ぎ遺贈型受益者連続信託）

藤岡敏郎さん（85歳）には2人の息子さんがいますが、奥様をなくした後、マンションで一人暮らしをしています。

敏郎さんは先祖伝来の土地を所有しており、その土地に家屋を建て、長男の新次郎さん（58歳）一家に住まわせています。そこで、この宅地を新次郎さんに、現在住んでいるマンションを二男

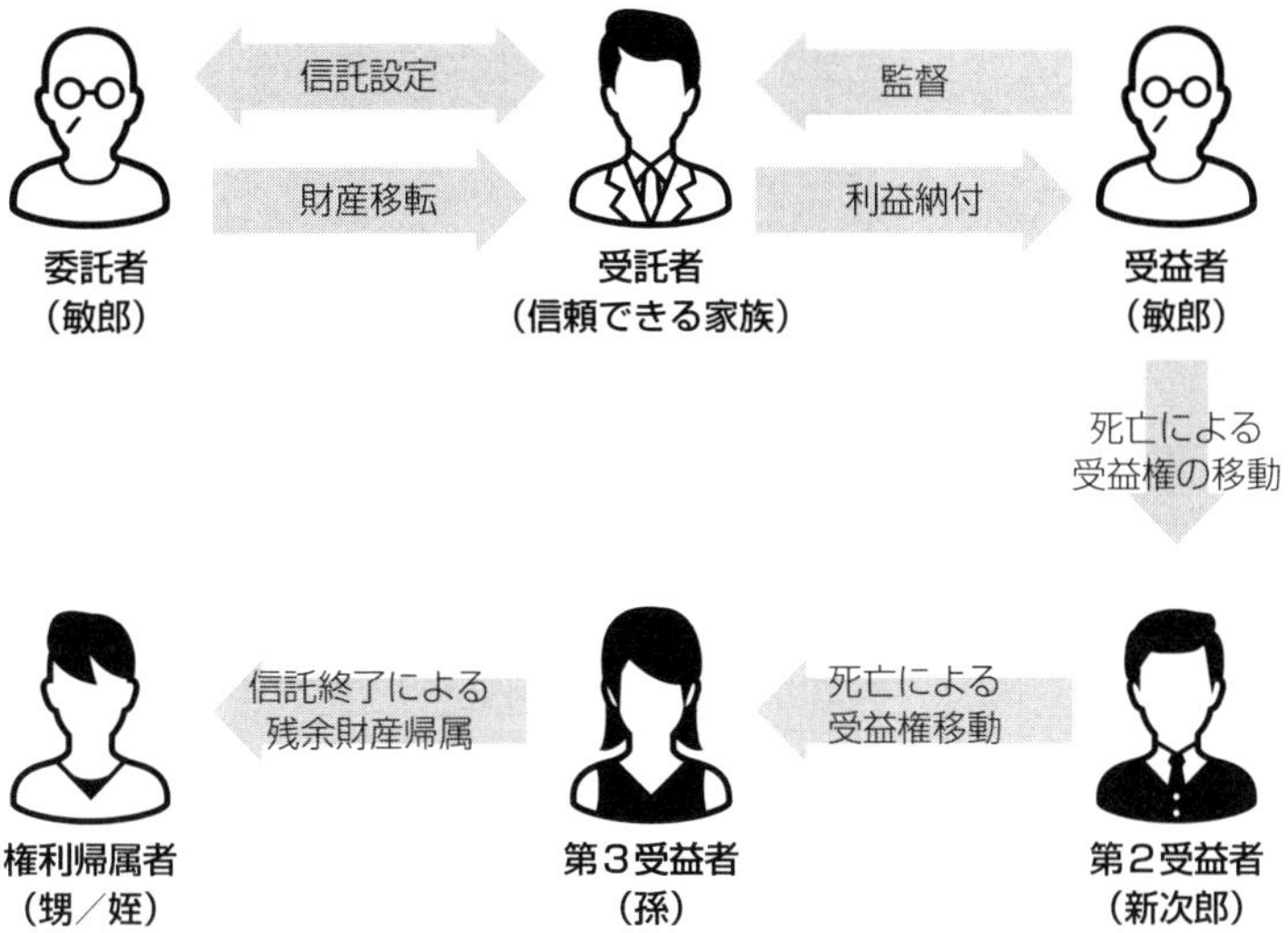

の栄二さんに遺贈するという遺言の作成を考えていました。

敏郎さんの心配は、新次郎さんが病気がちなことでした。将来新次郎さんに相続が発生した場合に、長男の嫁には先祖伝来の土地を相続してほしくない、孫に相続させたいと考えていたのです。

民法では、現在の所有者が将来の二次相続やその先の相続まで決めるような遺言はできません。では敏郎さんの考えを実現するような手立ては全くないのでしょうか？　こうした場合に有効になるのが家族信託です。

信託には上図のように、委託者、受託者、受益者の3人が登場します。

信託では、現在の財産の所有者を委託者とし、信頼できる親族など、受託者となる人に財産を委託します。しかし受託者は、財産を預かって管理するだけです。その財産が生じる利益や便益を享受する人は別の人、受益者となった人です。

敏郎さんが存命のうちは、受託者を指名し、自分を委託者及び受益者として、受託者と信託契約を締結します。このように自分自身が受益者となって利益を得る信託を、「**自益信託**」と呼びます。

このように敏郎さんが存命中は「**受益権**」（利益を受ける権利）は敏郎さんに帰属します。そして敏郎さんが信託契約の中で、自分が亡くなったあとの受益者を指定することにより、受益権を二次相続、三次相続と次から次へと継続していけるのが、所謂「後継ぎ遺贈型受益者連続信託」と呼ばれるものです。

また、この信託では、まだ産まれていない孫や甥姪を受益者として定めることも可能です。

この信託は、商事信託、つまり皆さんが株式等の配当を受ける為等の際にお世話になる信託銀行だけではなく、民事信託として法律、税務等の専門家も取り扱っていますので、興味のある方は相談してみるとよいでしょう。

第6章

忘れたころにやってくる、相続税の調査

最後に、相続税の調査について、簡単に紹介します。サラリーマン家庭の方々が税務署の調査を経験することはあまりないと思いますが、相続税の調査が実際にどのように行われるかは、大変興味があることだと思います。

1. なぜか送られてくる相続税の申告書

まず、故人（被相続人）が亡くなってから、税務署がどのような動きをするのかを紹介していきます。

被相続人が亡くなり、数カ月が経ったころ、所轄の税務署から相続税の申告書や申告の手引きが、相続人のもとに郵送されます。（なぜ、亡くなったことを知っているの？　税務署は陰からこっそりうちの様子を見ているの？）。背筋がぞくりとする方も多いと思うのですが、被相続人が亡くなると、市区町村の役所に死亡届出書を提出します。役所は死亡届を受理すると、相続税法の法律（相続税法58条通知書）に則り、税務署長に通知しなければならないのです。

被相続人が所有していた土地等の状況は、市区町村の固定資産税を担当する部署に行けばすぐに調べられます。税務署は、これらの情報を調べるついでに、被相続人が納付していた住民税の情報を確認し、生前の所得を把握します。これらの情報をもとに、税務署が亡くなった方をふるいにかけて、相続税の納付が生じそうな方に、相続税の申告書等を郵送するのです。

第2章で紹介したように、路線価の情報は、毎年7月1日に発表されます。税務署は、この路線価の情報をもとに、まず、その年の1月から3月位までに亡くなった人の土地の評価を行い、相続税の納税が生じそうな相続人に申告書を郵送します。その後は順次、亡くなった人について、同じ要領で、申告期限の3カ月前くらいから申告書を郵送するのです。

税務署は、不動産関係の情報はすべて把握していますが、金融資産に関する情報は把握しきれていないのが実情です。しかし、マイナンバーの導入、財産債務調書の提出の義務化を受けて、今後、富裕層の金融財産の把握は、これまでに比べて容易になると思われます。

ところで、申告書を郵送する時に、税務署は相続人の数を把握していません。相続人の数はおおまかに予想して申告書を送るのです。ですから、申告書に同封されている「お尋ね」とよばれる書類に対して、申告書を受け取った相続人が基礎控除額・財産構成・債務葬式費用を回答し、相続税の納税額が生じないと税務署が判断すれば、そこで一件落着、税務署の追跡は終わりとなるのです。

2. 調査対象はどのように選ばれるのか

ところで、相続税の税務調査は、相続税の申告をしたらもれなく行われるものではありません。では、調査対象はどのようにして選ばれるのでしょうか。

相続税の申告があると、税務署では、被相続人の情報を収集します。国税総合管理システム（KSKシステム）というデータベースがあり、そこで日頃から調査や申告の内容を収集しているのです。ですから、たとえば佐藤秀夫さんという名前をもとに情報を寄せ集める（「**名寄せ**」といいます）と、佐藤秀夫さんについて過去の調査の履歴や申告の内容を確認できます。その内容から調査対象を選定することが多いといわれています。

しかし、抽出したすべての調査対象について、調査を行うことは不可能です。すべての調査をこなすことのできる調査官が、そうそういるとは考えられません。

税務署の職員には、1年間という時間的制約があります。

税務署では、相続税を含めた個人資産に関連する国税を扱う部署を、資産税課と呼ぶのですが、資産税課の職員は、1月から3月は所得税の確定申告の相談の対応や受付、4月から5月あたりは確定申告の内容の審査、それが終わると譲渡所得関連を中心にした審査に従事します。

6月から7月には、七夕人事といって税務署間の大異動があります。職員は、この大異動までに、調査を含め、自分の担当する仕事をやり残してはいけないのです。そして、7月から9月ごろまでがいよいよ相続税の調査です。そして、相続税の調査についても、年を越してはいけないという暗黙のルールがあります。

ですから、抽出した調査対象から、過去の不動産の売却や贈与その他の財産の移動を確認して絞りこみをかけ、相続税の調査対象を選定することになります。主として調査対象となるのは、申告内容に疑念が生じた場合と相続財産が多額である場合です。結果的に相続税の税務調査が行われるのは、相続税の申告件数の約2割といわれています。

3．調査は1本の電話から始まる

生前から相続税対策をして、申告を終えて、さあ、自分の家に調査が来るのかどうか……。ドキドキする方も多いと思います。しかし相続税の調査は、所得税や法人税の調査とは異なり、申告後すぐに行われるものではありません。税務署は内部のスケジュールに従って、仕事をします。今年行った相続税の申告の調査が、来年以降にされることもよくあります。忘れたころにやってくるのが、相続税の税務調査なのです。

税理士が相続税の申告書を提出する時は、「**税務代理権限証書**」という書類を申告書に添付し、「この申告書に関する税務に関しては、税理士の○○がこの納税者の代理人です」ということを税務署に通知します。

するとある日、税務署から税理士に1本の電話が入り、「○○様の相続税の調査をしたいと思いますので、相続人の方々と、日程と税務調査の場所などの確認をお願いします」と依頼されます。これが相続税の調査のはじまりです。申告を担当した税理士は、税務調査が入るかどうか、申告内容からだいたい予想できるものです。(ああ、来たな)と思いつつ、相続人に連絡し、税務調査への協力を依頼します。

以前、「マルサの女」という税務調査官を主人公にした映画がありました。あの映画を観た方は、(恐ろしいな)と思うかもしれませんが、税務調査は、調査を受けるかどうかの決定が納税者にゆだねられている、いわゆる任意調査です。だからといって「調査をお断りします」というわけにはいきません。税務職員には質問検査権という権利があり、納税者は質問に答えなければなりませんし、検査を受忍しなければならない義務があります。それをしないと、罰を受けることがあります。

そして調査がはじまるわけですが、調査に訪れる調査官の頭の中には、すでに具体的な目標が1つ2つあります。納税者がはぐらかしたり拒否して、質問に対する答えが得られなければ、質問を繰り返し、調査がだらだらと続きます。1週間、2週間、ひどい時には数カ月と続くのです。同じ質問を何度も繰り返されると、さすがに疲れてきますし、頭も混乱してきます。答えたくない質問でも、早めに税理士と相談して質問に回答し、調査官にはある程度で切り上げて頂くのが賢明でしょう。

4. 丁寧なのにプレッシャーを感じるのが税務調査

多くの相続税の税務調査は、亡くなった方の自宅で行われます。財産について調査する相続税の税務調査では、調査官は財産に関連する場所に出向くのですが、最も情報量が多いのが、亡くなった方が生活していた自宅だからです。また自宅には、長年生活を共にしていた配偶者がいます。配偶者の元に行けば、すぐに亡くなった方の一生がわかるというものです。これを臨宅調査といって、調査官が自宅に行くことが一番重要で、そこで調査の大半が終わると考えてよいでしょう。一方、調査官が証券会社や銀行に出向くときには、おおむね申告漏れの金融財産があるときです

臨宅調査の1つの儀式として、世間話のように相続人の方にいろいろなことを尋ねます。亡くなった方の人柄や趣味など、たわいもないと思うような質問をするのです。調査官は、話を聞きながら、亡くなった方にはどんな財産があるのだろうと頭の中で想像していきます。ゴルフが好

きということであればゴルフ会員権を意識し、証券会社のカレンダーなどがあれば、有価証券を持っていたはずだと考えます。

そのような財産が申告書に記載されているか、されていないとしたらなぜなのか、調査官には「事実は1つ」という意識があります。腑に落ちないこと、納得がいかないことがあれば質問を続け、さっき聞いたはずのことを、丁寧に、しかも何度も聞いてきます。納税者としては、(嫌だな、きついな)と感じることもあるでしょう。そこで、同席する税理士が、納税者をサポートし、心理的な負担を軽減します。

5. 驚くほどよく調べている預金通帳

税務調査の際には、通帳や印鑑の保管場所を尋ねられます。その時に、たとえばお嫁にいった娘さんやお孫さんの通帳や印鑑があると、調査官はそれがなぜそこにあるのか、理由を尋ねます。「以前に贈与しました。贈与契約書もあります。贈与税の申告もしました」と回答しても、その通帳がそこにあることは不自然なのです。贈与をしたのならば、贈与先の通帳は、そのお嬢さんやお孫さんの手元になければなりません。こういった場合、名義預金だと認定されます。

また、お父さんやお母さんが亡くなって、初めて子供や孫が自分名義の通帳の存在に気付くことがあります。このような通帳も、当然のことながら被相続人の名義預金です。名義預金は、簡単に見つかり調査の成績をあげられる、調査官にとっては有り難い申告漏れなのです。

ところで、調査官は自分で家探しをすることはありません。通帳にしても印鑑にしても、自分から手は出すことはせず、「見せて下さい、開けて下さい」とお願いします。税務署ではそのように指導教育を受けますし、あくまでも行政の任意調査ですから、家探しなどはもってのほかです。しかし、出してもらうまでは粘ります。「今日がだめなら明日また伺います」。それが税務署の仕事です。そして、貸金庫の存在を把握すれば、必ずその日のうちに銀行に出向きます。3時過ぎても5時になっても、銀行に電話しておいて、貸金庫を開けてもらうように依頼します。

また、相続税の申告書を提出する時には、戸籍謄本や住民票を添付しますので、被相続人の子供たちの家族構成が明らかになります。相続人として申告する人以外の名前もわかるというわけです。そこでこれらの名前をもとに、申告書に記載されている金融機関に照会をかけます。すると10年間くらいの預金通帳のコピーが提出されますので、各口座のコピーをズラリと横一列に並べて、お金の出入りをひとつひとつ確認します。亡くなる直前に大口の取引があれば、「何に使っているのか、手元現金として残っているはずだが」という疑問がわきます。そうした疑問が相続税の申告書で解消できなければ、調査項目になるのです。

6．調査のメインはやはり金融資産

これまでお話ししたとおり、申告漏れが発生しやすいのは金融資産です。調査官にとって評価が高いのは、不動産の評価ミスの指摘などではなく、金融資産の申告漏れを見つけ出すことです。

つまり、相続税の税務調査のポイントは、金融資産と考えたほうがいいということです。銀行や証券会社の取引が税務調査のメインとなるので、日頃からお金の出し入れには配慮し、税務署から指摘されないように手当てしておくことが必要です。

税務調査が入ると、実にたくさんの質問を受けます。「これを調べて下さい」「この財産はどうして移動したのですか?」。（そんなの私たちの勝手じゃない！）（一番事情を知ってるはずの当の本人が死んじゃったのだから、わかるはずない！）と思っても、調査官はとにかく粘り強いのです。税務調査は臨宅が1日から2日。決着がつくまでには短くても2カ月はかかります。

逆にいえば、税務代理人として納税者を守る私たち税理士は、税務調査の時こそが活躍の場であるともいえます。

おわりに

知ること、話すことで解決する相続

税理士として、また個人として、いろいろな方にお会いする機会があります。すると職業病でしょうか、どうしても相手の方の相続のことを考えてしまいます。年配の方に会えば、（お子さんたちと相続の話をしているのだろうか）、若い方と話をすれば、（ご両親と相続について話し合っているだろうか）と、尋ねられてもいないのに気をもんでしまいます。困ったものです。

たまたま相続の話が出たついでに、「相続のことを家族で話していますか」と伺うと、年配の方からは「子供たちが何とかするだろう」、若い方からは「気にしてはいるけれど、なかなか親の財産の話は切り出しづらくて」ということばをよく聞きます。相続税大増税時代といわれていますが、なるほど、親は子供を信頼し、子供は親に遠慮をし、現実は案外そんなところなのかもしれません。

しかし、実際に相続税の申告の現場となると、様子は一変します。まず、相続人は亡くなった方の財産に関する資料集めから右往左往、そして相続税の税額に愕然とし、なかには納税資金の手当てに困惑する方も出てきます。そんなに数は多くはありませんが、相続する財産の分割がスムーズにいかず、税理士が納税と申告について相続人と時間をかけて話し合い、申告書の作成が

おわりに

ようやく申告期限に間に合って、ほっと肩をなでおろすなんていうこともあるのです。

相続する側もされる側も、「たぶん何とかなるはず」と思うのが相続なのでしょう。しかし、実際に何とかなるためには、やはり誰かが何かをしなければならない、それが相続と相続税の現実なのだ、と実感します。

では何とかするためには、何をすればよいか。専門家に相談して下さい！　と言いたいところですが、まずは、関係者が相続に関する正確な知識を持つことです。そしてその正確な知識をもとに、家族で話し合い、その上で必要であれば専門家に相談して、取るべきアクションを取ることです。

この本は、サラリーマン家庭に代表される一般の方々に、来るべき相続に、必要な知識を提供するものです。事例を交えてなるべく平易に書いたつもりではありますが、正確な知識を提供するために、どうしても難しくなってしまった部分もあります。一般の読者にとって決して簡単な内容ではないでしょうが、どれも実際の相続のために必要な知識です。頑張って読み切って下さい。必ず、みなさんの家庭の相続に役立つはずです。

あとは家族と話し合い、必要なアクションを実行するだけです。

この本を読まれたみなさん一人一人が、無事に幸せな相続を終えられることを願ってやみません。

執筆者一同

執筆者紹介

【服部　修】
青山学院大学経済学部卒業
税理士
服部会計事務所所長
東京都台東区東上野１丁目１１番１号ＧＯＳＨＯ春日通りビル４階
URL　http://hattoritax.com
多くの経験をもとに、依頼者の方に無理のないかつ効果的な相続対策を実践しています。

【海老原宏美】
聖心女子大学文学部、日本大学経済学部大学院卒
税理士・行政書士
税理士法人タックスアドバイザーズ　代表社員
東京都渋谷区神宮前 6 丁目 25 番 8 号　神宮前コーポラス 1105 号室
URL　http://www.tax-advisors.jp
元英語会議通訳。様々な国籍の人々とコミュニケーションをしてきた経験を、税理士業務に生かすことを心がけて、仕事をしています。
「すみやかにハッピーに」を合言葉に、相続申告業務を行います。

【目黒雅和】
立教大学大学院経済学研究科卒
税理士・ＣＦＰ
白根目黒共同事務所 副所長
東京都港区赤坂 2-14-27　国際新赤坂ビル東館 2 階
URL　http://www.fpintel.net
相談には税務・ＦＰの視点から相談者のライフプランに合った提案を心がけています。相続は「争族」ならぬ「爽族」にすることがモットーです。
趣味は山登り・マラソン・下町赤提灯巡り。

【服部　仁】
立教大学経済学部卒業
税理士
服部仁税理士事務所所長
事業再生や経営改善業務に長年従事してきた経験を活かし、円滑な事業継承をサポートします。

【相続相談解決チーム】
平成27年1月に、税理士事務所を代表する複数の税理士により発足。
それぞれの専門知識と経験を共有し学びあうことにより、特に相続税の申告や対策について、お客様に最善の提案を行うことを目的として活動中。
現在、東京都内にてセミナーや相続税の相談会を定期的に開催しています。
事務局　東京都渋谷区神宮前6丁目25番8号　神宮前コーポラス1105号室
税理士法人タックスアドバイザーズ内　☎ 0120-502-695
URL http://www.souzokukaiketu.com
事務局：鈴木信弘、服部渉、服部将

サラリーマン家庭の相続

2016年7月20日　初版第1刷発行

編著者	相続相談解決チーム
発行者	渡辺弘一郎
発行所	株式会社あっぷる出版社 〒101－0064 東京都千代田区猿楽町2－5－2 TEL 03－3294－3780　FAX 03－3294－3784 http://applepublishing.co.jp/
装　幀	クリエイティブコンセプト
組　版	Katzen House　西田久美
印　刷	モリモト印刷